# 尼罗河的赠礼

温 静 著

2018年·北京

## 图书在版编目(CIP)数据

尼罗河的赠礼 / 温静著. —北京：商务印书馆，2014（2018.12重印）
（丝瓷之路博览）
ISBN 978－7－100－08463－5

Ⅰ.①尼… Ⅱ.①温… Ⅲ.①埃及－古代史－通俗读物 Ⅳ.①K411.209

中国版本图书馆CIP数据核字（2014）第041791号

权利保留，侵权必究。

**尼罗河的赠礼**
温 静 著

商 务 印 书 馆 出 版
（北京王府井大街36号 邮政编码 100710）
商 务 印 书 馆 发 行
北京富诚彩色印刷有限公司印刷
ISBN 978－7－100－08463－5

| 2014年5月第1版 | 开本 880×1230 1/32 |
|---|---|
| 2018年12月第2次印刷 | 印张 6 |

定价：36.00元

主　　办：中国社会科学院历史研究所中外关系史研究室

顾　　问：陈高华

特邀主编：钱　江

主　　编：余太山　李锦绣

主编助理：李艳玲

# 编者的话

《丝瓷之路博览》是一套普及丛书，试图以引人入胜的方式向广大读者介绍稳定可靠的古代中外关系史知识。

由于涉及形形色色的文化背景，故古代中外关系史可说是一个非常艰深的研究领域，成果不易为一般读者掌握和利用。但这又是一个饶有趣味的领域。从浩瀚的大海直至无垠的沙漠，一代又一代上演着一出又一出的活剧。既有友好交往，又有诡诈博弈，时而风光旖旎，时而腥风血雨。数不清的人、事、物兴衰遭递，前赴后继，可歌可泣，发人深省。毫无疑问，这些故事可以极大地丰富人们的精神生活。

本丛书是秉承《丝瓷之路》学刊理念而作。学刊将古代中外关系史领域划分为三大块：内陆欧亚史、地中海和中国关系史、环太平洋史。欧亚大陆东端是太平洋，西端是地中海。地中海和中国之间既可以通过海上丝绸之路，也可以通过草原之路往来。出于叙事的方便，本丛书没有分成相应的三个系列，但种种传奇仍以此为主线铺陈故事，追古述今。我们殷切希望广大读者和作者一起努力，让古代中外关系史的知识走进千家万户！

2012 年秋

# 引 子

如果说古希腊艺术的美体现为动感的张力，那么埃及艺术的风格则在于静态的永恒之美，以不变的艺术法则表达庄严与和谐的气韵，以概念化的手法塑造理想中的精神图景。时间和空间仿佛都不存在了，人们可以轻易感受到自我的渺小与精神的奥秘，体味到人对和谐与永恒的向往。过去，一个比较普遍的观点是，古埃及文明是坟墓的文明，静止的文明，只重视死后世界。这其实是一种偏见。现在的学者早已将研究重点从死人转向活人，关注古人的日常生活，包括衣食住行、亲子关系、职场生涯，等等，将古人的宗教信仰与来世观念置于当代的现实生活语境之下。人们对于彼岸世界的认知，恰恰是对此岸世界认知的一个映像。从这个角度出发，本书希望能够在古埃及文明的各个层面上分别取景，选择代表性的传奇人物故事，让读者能够感受到一个立体鲜活的古代埃及。

本书在写作中，得到了许多师长朋友的帮助：感谢北京大学的颜海英教授，我的埃及学启蒙老师。感谢我在北京大学时的同学陈甜，提供在埃及学习时拍摄的照片。感谢宾夕法尼亚大学的 Silverman 博士、Wegner 博士和 Wegner-Hauser 博士，曼菲斯大学的 Strudwick 博士、Brand 博士、Onstine 博士、Cocoran 博士和 Podzorski 博士，他们的传道授业使我受益匪浅。特别感谢余太山先生，若非余先生的积极倡议与殷切期望，我绝无可能写成这本小书。

2013 年 3 月

# 目录 CONTENTS

## 第一章
### 埃及的母亲河啊

一 沙漠中的莲花 / 2
二 河畔的国度 / 8
三 埃及人的宇宙 / 11

## 第二章
### 诸神起源之地

一 古埃及历史分期 / 22
二 文明伊始 / 26
三 辉煌时代 / 39
四 埃及的衰落与希腊化 / 59

## 第三章
## 神的信仰与人世轮回

一 死者之城与复活信仰 / 70

二 底比斯与阿蒙信仰 / 86

三 阿玛尔纳与太阳神 / 98

## 第四章
## 四千年前的小资生活

一 谷物堆积而成的国家 / 112

二 皇家建筑工程团队 / 119

三 工匠村的幸福中产生活 / 128

四 万般皆下品，惟有读书高 / 135

五 爱生活，爱享乐 / 144

## 第五章
## 古代埃及巡礼

一 埃及的珍宝 / 152

二 非洲探险 / 162

三 向黎凡特进军 / 167

四 跨越地中海 / 174

五 丝绸之路的另一端 / 177

v

# 第一章

# 埃及的母亲河啊

在非洲大陆的东北部，撒哈拉沙漠以东，红海以西，有一条默默流淌的大河。河水滋养着周围的土地，在沙漠中开辟出一片绿意。河水蔚蓝，河边绿草茵茵，水中的蓝莲花散发出阵阵芳香，岸上的棕榈树遮挡着炙热的阳光，这里就是古老埃及的土地，是人类历史开始的地方。古埃及文明是人类历史上最古老的文明之一。埃及北临地中海，通过西奈半岛和迦南地带与西亚相连，在她的南边是苏丹地区，那里是另一个古老文明——努比亚文明的发源地。文明的发展离不开水源。古代埃及文明的成长得益于尼罗河水的滋养和浇灌。尼罗河是埃及人的母亲河，是古埃及人生命和力量的泉源。

## 一 沙漠中的莲花

在沙漠中穿行的尼罗河绵延 6650 千米，从非洲大陆的中心地带向北流淌，穿越撒哈拉沙漠，最后汇入地中海。尼罗河在上游地区有两条主要支流，青尼罗河与白尼罗河。其中白尼罗河长 3700 千米，是尼罗河最主要的支流。广义上说，尼罗河发源于维多利亚湖，这里也可以被认为就是尼罗河的源头，因为汇入维多利亚湖的河流数目众多，很难说清究竟哪一条可以算作是尼罗河的真正源头。从维多利亚湖出水口，现在乌干达境内的金贾地区流出，向北流淌经由基奥加湖注入阿尔伯特湖，这一段尼罗河称为维多利亚尼罗河。从阿尔伯特湖流出后的尼罗河则称为阿尔伯特尼罗河。出了阿尔伯特湖，尼罗河一路向北，在南苏丹南部小镇尼穆莱附近流入南苏丹境内。此时，尼罗河又被当地人称作巴尔—埃尔—杰贝勒河，意为"山地之河"。山地尼罗河继续向北流入苏丹平原和苏德沼泽，汇入位于南苏丹北部的诺湖。巴尔—埃尔—加札勒河的加入为山地尼罗河补充了水量，从两河的交汇处起，这条大河更名白尼罗河，流入北苏丹境内，并在首都喀土穆与她的姊妹青尼罗河相汇合，再一路流向埃及，汇入地中海。白尼罗河水流量非常稳定，为非泛滥季的尼罗河提供了 80% 以上的水量。而著名的洪水与肥沃的淤泥则是顽皮的妹妹青尼罗河的慷慨赠予。

青尼罗河全长 1450 千米，发源于埃塞俄比亚北部的塔纳湖。从塔纳湖南部流出后先向东南方向流淌，在经过提斯—伊萨特瀑布后又向西北弯折进入埃塞俄比亚高地上狭长幽深的山谷。狂野的湍流在山谷中奔腾驰骋，流出埃塞俄比亚，径直奔向苏丹的首府喀土穆，与她的姐姐白尼罗河相聚。青尼罗河得名于她的颜色。每到洪水季节,波涛汹涌的河水呈现出青黑色,苏丹人就叫她青尼罗河。每年6月至9月,雨季来临,青尼罗河就开始涨水,虽然在长度上远不如白尼罗河,但是青尼罗河60%的水量都能流入尼罗河,为苏丹与埃及的土地注入生命。阿特巴拉河也发源于埃塞俄比亚高地,是尼罗河最后的一条支流,在喀土穆以北250千米处汇入尼罗河。这条名不见经传的小河在平时不过是一条小溪,到了雨季却可以将大量的洪水输入尼罗河。

尼罗河在广袤的苏丹平原上呈S形,从喀土穆至阿斯旺这一段河道蜿蜒曲折,巨大的岩石在河道上星罗棋布;大大小小的瀑布与湍流形成了尼罗河流域无法通航的瀑布区。主要的瀑布区有六个,其中第一瀑布区就位于阿斯旺,在阿斯旺以北,尼罗河可以实现全程通航,船只可以极快的速度从上埃及直抵地中海。正因如此,阿斯旺通常是古代埃及的南部边界。然而水流湍急、河道曲折的瀑布区并未挡住古代埃及人的脚步,在历史上的强盛时期,埃及帝国的边界也常常向更南边扩展——中王国的边境最南可以到达第二瀑布区,而在新王国时期则可到达第四瀑布区。

尼罗河离开苏丹流入埃及后就不再有水源补给了,彻底变成了沙漠河流。尼罗河的河道变得开阔起来,水流也逐渐平缓。这条伟大的河流从雨林深处走来,一路踏过崇山峻岭,平原高地,经历无数曲折险阻,终于到达了埃及的土地,坚强的尼罗

**第一瀑布区**
这幅水彩画展现了尼罗河第一瀑布区的地貌,船只到达这里后,必须依靠人力在岸上拖行才能顺利通过。

| 尼 | 罗 | 河 | 的 | 赠 | 礼 |

河也仿佛步入了晚年，放慢了脚步，水流也变得平缓，水中的淤泥和养料沉淀下来，赠与了生活在河岸边上的尼罗河儿女。阿斯旺以北的尼罗河又称为埃及尼罗河，因为她为埃及带来生命的泉源，哺育埃及文明成长。

从阿斯旺到埃及的首府开罗，尼罗河几乎是笔直向北流淌，只在埃及南部的基纳地区向东弯折，形成了基纳转弯区。在基纳转弯区最东边有一座著名的城市叫作科普特斯。从这座城市出发向西有一条通向红海的"高速路"，即哈玛玛特旱谷。所谓旱谷，就是沙漠中干涸的古河床，旱谷中地势较低，也更平坦，是埃及沙漠中常见的地貌。哈玛玛特旱谷连接着尼罗河与红海，是从红海到尼罗河谷的最近路线，因而成为古代商旅的必经之地。

从阿斯旺到开罗，尼罗河在沙漠之间开出了一条绿色生命线，沿岸狭长的河滩为人们提供了安居乐业的场所，这就是人们通常所说的尼罗河谷地区或上埃及，河谷两旁的沙漠分别称为东西沙漠。重要城市都是沿河而建的，新王国的首府底比斯就是一座建在尼罗河东岸的美丽都市，那里有着古代世界最为宏伟壮观的神庙建筑群。

古王国时期埃及的首府曼菲斯就在开罗以南20千米处。在曼菲斯，尼罗河的水流分散开

**尼罗河**
从太空中看，尼罗河就好像盛开在非洲沙漠中的一朵莲花。

第一章 | 埃及的母亲河啊

**埃及东部的沙漠**
远处的山谷,就是一座旱谷,这里虽然是寸草不生的荒漠,却蕴藏着很多矿产资源。

来,形成若干支流,在入海口形成了扇形的冲积平原,这就是尼罗河三角洲,也称为下埃及。尼罗河三角洲是世界上最大的三角洲之一。这块扇形的土地南北长约 160 千米,覆盖了大约 240 千米的海岸线,水源充沛,气候温和,是埃及最富饶的农业区。虽然现在的尼罗河在三角洲只分为两条支流,但根据古罗马历史学家老普林尼的记载,古时的尼罗河有七条主要支流。可以想见,当时的三角洲地区一定是沼泽密布、河道纵横交错的水乡泽国。每当洪水来临之际,尼罗河三角洲更是一片汪洋,只有地势较高的土地才能够露出水面,远远看去,就像无数小岛散布在巨大的湖泊中,当地人把这些小岛形象地称为"龟背"。就在这一片富饶的水乡之中,生长着埃及独有的纸莎草,因此在古代埃及象形文字中,就用纸莎草来代表下埃及。尼罗河三角洲还是古代埃及人与东地中海地区进行贸易往来的前沿阵地。美索不达米亚、黎凡特、希腊与罗马的商人都云集于此;此外,富饶的

5

三角洲还吸引了大批外族人来到埃及定居生活，为埃及文明增砖添瓦。

除了尼罗河谷与三角洲，还有少部分埃及人生活在沙漠的绿洲中。法尤姆绿洲位于尼罗河的西岸，在开罗西南部，通过一条河道与尼罗河相连。得益于尼罗河源源不断的补给，法尤姆绿洲水源充足，土地肥沃，是古代埃及重要的农业生产基地。绿洲的面积大约有1700平方千米，是埃及最大的绿洲。绿洲中间的莫里斯湖在古代时还是淡水湖，在尼罗河的汛期可以贮备大量洪水以供干旱期使用；不仅如此，这片美丽的蔚蓝色水域还对调节尼罗河的洪水量起到了重要的作用。早在新石器时代，这里就出现了原始的村庄。公元前20世纪，古代埃及的君主们开始大规模兴修水利，对法尤姆绿洲进行开发，开凿运河，并将莫里斯湖改建为巨大的水库，使其能够更好地发挥蓄水功能。莫里斯这个名字是古埃及语"大湖"的古希腊语音译。此外，古代埃及人还称臬里斯湖为"纯净之湖"或"奥塞利斯之湖"。法尤姆地区最大的城市是舍迪特，也就是希腊化时期的鳄鱼城。

除了法尤姆绿洲，达荷拉绿洲也有古代埃及人定居。该绿洲位于西部沙漠深处，距尼罗河350千米。早在公元前三千纪，达荷拉绿洲就纳入了埃及政府的管辖范围，国王委派官吏前去对绿洲进行管理，建立起地方行政体系。

对于处于沙漠地带的埃及人而言，尼罗河是唯一的水源。这条大河为埃及人民提供生活和灌溉用水，提供了极为丰富的渔业资源，同时也是他们便捷的交通线。对于古代埃及人而言，船只是最重要的交通工具，虽然后来马匹和骆驼也先后传入埃及，但船的地位始终是无法取代的。尼罗河流域盛行北风，即使逆流行船，只需张开风帆，也可以顺利快捷地从下游航行到上游地区，顺流而下就更方便了，只需收起风帆就可以快速航行了。在没有汽车和公路的古代世界，船只的速度和运载量是任何其他交通工具都无法比拟的，无论是建造金字塔还是巨型雕像，所需要的大石块都是通过船只来运送的。

在古代埃及人的语言中，尼罗河并不叫作尼罗河，而是简单地叫作"河"。这一简单的称呼，却代表了古代埃及人对于尼罗河的深刻情感。她就是河，独一无二的河，为土地带来养分，为埃及带来生命的河。当埃

泛滥期的尼罗河
这张珍贵的老照片摄于19世纪，尼罗河畔的低洼地带都被洪水淹没。等洪水退去，这里就是肥沃的良田。

及士兵在美索不达米亚征战，看到向南流淌的幼发拉底河时不禁大惊失色，说那里是"河水倒流的国度"。尼罗河在埃及文化中留下了无法磨灭的烙印，她影响着埃及人对世界和宇宙的看法，是埃及人生活中不可缺少的一部分。对于古代埃及人而言，缺少了尼罗河的世界，便不再是世界了。

在今天的埃及，由于尼罗河上游阿斯旺大坝的修建，洪水已经无法到达河谷地区和三角洲地区了。但是在古代，洪水来临时却是无比壮观的景象。每年洪峰来临之际，河面变为原来的数十倍宽。与一般破坏性的洪水不同，尼罗河洪峰并非来势汹汹，而是逐渐没过河边的堤坝，蔓延到河岸的田地中。等到洪水退去时，不仅肥沃的淤泥留在田里，还会形成很多天然的池塘，为以后的农业灌溉提供水源。

## 二 河畔的国度

古代埃及是沿尼罗河而建的国家，地理位置与自然环境也赋予古代埃及天然的国家边界。埃及北部的边界，自然是地中海。在西北方，西奈半岛也在埃及的控制之下，成为重要的矿石产地。在帝国强盛时期，东地中海沿岸的迦南、叙利亚和约旦等地也在埃及的控制之下。此外，埃及还控制着东部沙漠和红海沿岸，以及西部的沙漠与高地。东西沙漠可以说是埃及的天然屏障，尼罗河因而保持了相对独立和封闭，古代埃及文明也就能够得以平稳发展，较少受到其他文明的侵扰。南部的边境通常是位于阿斯旺的第一瀑布，船只到了那里就无法通航，但是，为了加强对努比亚地区的控制，埃及的君主常常将边境向南扩张。在瀑布区以南就是古代努比亚王国的地界，埃及人从那里获得黄金、象牙与香料等奢侈品。

古代埃及是以农业为主的国家，社会结构呈金字塔形。位于塔尖的自然是国王，就是人们通常所说的埃及法老，不过法老这个词是到了新王国时期才出现的，之前的埃及君主并不叫作法老。君权神授的观念在古代埃及深入人心，国王不仅是国家的元首与神庙的最高祭司，还是太阳神的儿子，在死后会升入天界与神合一。在国王之下是贵族与祭司阶层，他们掌管着国家的政治、经济和宗教大权，在中央和地方形成了一套复杂的行政体系。最为重要的官员是宰相，协助国王料理行政事务，是国家的总管。在地方上，为了管理广阔而狭长的土地，全埃及共为分为42个行省，其中上埃及分为22个行省，下埃及分为20个行省。这些行省的起源甚至比国家还要古老。早在国家形成之前，在尼罗河沿岸就以主要城市为中心发展出了一系列政治实体，这就是行省的前身。每个行省都有自己的首府与省长，负责该省的行政和司法。各个城市也有自己的市长和法官，以维护城市的秩序，保证国王的指令能够被传达到埃及土地的每一个角落。祭司阶层掌管着国家的宗教事务，从首都的大神庙到乡村的小祭坛，祭司阶层活跃在埃及社会生活的方方面面，无论是丧葬事宜还是节日庆典，都需要祭司主持和安排各种宗教仪式。同时，神庙还拥有大量土地和佃农，在国家经济生活中发挥着重要作用。

在贵族和祭司之下的就是书吏阶层了。书吏阶层不用缴纳赋税，也不用劳作，他们从小学习读写、绘画和算术，为宫廷、政府和神庙服务，从事记录、测绘和记账方面的工作。很多高级书吏还成为科学家和建筑师，长于测算历法或绘制建筑图纸。医生也需要学习读写，以便能够阅读医学书籍。村庄中的书吏还为人们代写信函和商业合同。书吏们还将古代的经文和故事整理传抄下来，考古学家常常发现同一故事的不同抄本，这些抄本可以相互补充印证，对古代埃及文字和文学的研究而言可谓弥足珍贵。书吏也进行文学创作，写出行文优美的诗歌和韵文，使我们能够更多地了解古代埃及语言文字之美。

接下来我们要介绍的就是工匠和城市平民阶层了。在手工业极为发达的古代埃及社会，工匠们凭借着自己的一双巧手，创造了辉煌灿烂的物质文化。早在公元前五千纪，古代埃及社会中就出现了农业和手工业的分化，产生了掌握手工业专门技术的工匠阶层。与书吏一样，工匠也要从小接受系统的训练，才能掌握各种复杂的工艺技术。各种工匠，如石匠、木匠、金匠等，不仅为各级政府和神庙提供服务，也为临近的社区提供服务。高级工匠在社会中很受尊敬，那些精美的壁画与雕刻就是出自他们之手。为王室工作的高级工匠技法最为精湛，这些无名艺术家的作品也成为古代埃及美学的典范。除此之外，城市平民还从事如理发师、入殓师、织工、面包师以及商贩等工作。

尽管古代埃及社会已经具有相当程度的复杂性，但其人口的绝大部分仍是农民。有的农民拥有自己的土地；有的则需要租种神庙的土地，成为神庙的佃农；还有一些农民负责耕种王室的土地，成为王室农民。古代埃及农民完全依赖尼罗河带来的肥沃土壤进行耕种，毋须再施肥料，也毋须精耕细作，从而有大量闲暇时间来参与政府的工程建设，如修建陵墓与神庙，开凿运河与巩固堤防。除此之外，农民还要参加军队，抵御敌人的进攻或扩张国王的疆域。

农业是古代埃及社会的基石。最主要的农业作物是二粒小麦、大麦与亚麻。二粒小麦主要用于制作面包，大麦则用于酿造埃及啤酒。古代埃及没有货币，上至位高权重的宰相，下至普通工匠，工资都是用一定量的粮食来支付的。古代埃及没有丝绸与棉花，炎热的天气也不适合使用牛羊毛纺织品，亚麻就成为了一切织物的原材料。古代埃及人具有高超的纺织技术，看似粗糙的亚麻经过织工的双手可以变成薄如蝉翼的纱裙。此外，亚麻还用来制作渔网和麻绳，在日常生产生活中发挥着重要作用。古代埃及人的饮食十分丰富。主要的水果有椰枣、无花果、西瓜和苹果等，蔬菜有大蒜、大葱、韭葱和豆子等。今天我们食用的很多蔬果都是古代埃及人培育和改良的。猪、牛、羊、鹅和鸭是古代埃及常见的畜禽，尼罗河丰富的鱼类资源是人们饮食中蛋白质的主要来源。此外，古代埃及人很早就懂得养蜂和获取蜂蜜。

尼罗河畔富庶的埃及是人类最古老的文明之一。古代埃及国家拥有高效的管理制度和行政官僚体系，同时还发展出系统的宗教观念，使宗教与国家政权相结合，成为神权统治的国家。在这个古老的国度里，建筑艺术大放异彩，无论是巍峨的金字塔还是壮观的神庙，都代表了人类建筑史上的最高成就。在天文学、几何学与医学上，古代埃及人也走在了世界的前端。古代埃及文明对周边文明特别是希腊文明的发展产生了深刻的影响。

## 三 埃及人的宇宙

由南向北流淌的尼罗河，干燥的气候，肥沃的泛滥平原和绿洲，寸草不生的沙漠，炙热的阳光，一年一度的洪水，这些自然因素给古代埃及文明留下了深刻的烙印。古代埃及人对宇宙的认识，是以他们熟悉并热爱的故土为中心的。在古代埃及人的心目中，他们所处的尼罗河流域就是这个宇宙的微缩模型，也是宇宙的中心，其他的民族都生活在世界的边缘地带。可以说，是尼罗河流域最基本的地理地貌、气候条件与自然环境为古代埃及人奠定了基本的宇宙观构架。

尼罗河的洪水虽然相对稳定，但也非总是按照人类的需求及时定量地到来。如果非洲热带雨林地区的降水过多，尼罗河就可能带给埃及人过多的洪水，造成难以预料的灾害；更可怕的是在雨量较少的年份，由于没有足够的淤泥与灌溉用水，来年的庄稼就无法生长，人们不得不面对残酷的饥荒。古代埃及人深知自然的神奇与伟大。洪水量虽然基本稳定，但毕竟是无法预测的，而无法预测的洪水恰恰是孕育生命的摇篮。在古代埃及人的心目中，宇宙的开端与生命的诞生都与水和泥土有着密不可分的联系。古代埃及的创世神话就是围绕着水来展开的。

在宇宙形成之前，世界处于一片混沌的状态，没有方向，没有边界，就像一片原始的海洋，充满着原始的海水，埃及人称之为"努水"。随后，世界开始了演化。努水逐渐退去，在努水中出现了原始的土丘，成为世界最初的土地。太阳升起于土丘上盛开的第一朵莲花。阳光驱走黑暗，照亮了大地，从此万物开始繁衍生息。这样的宇宙观无疑脱胎于埃及的自然环境。努水象征着尼罗河谷泛滥的

| 尼 | 罗 | 河 | 的 | 赠 | 礼 |

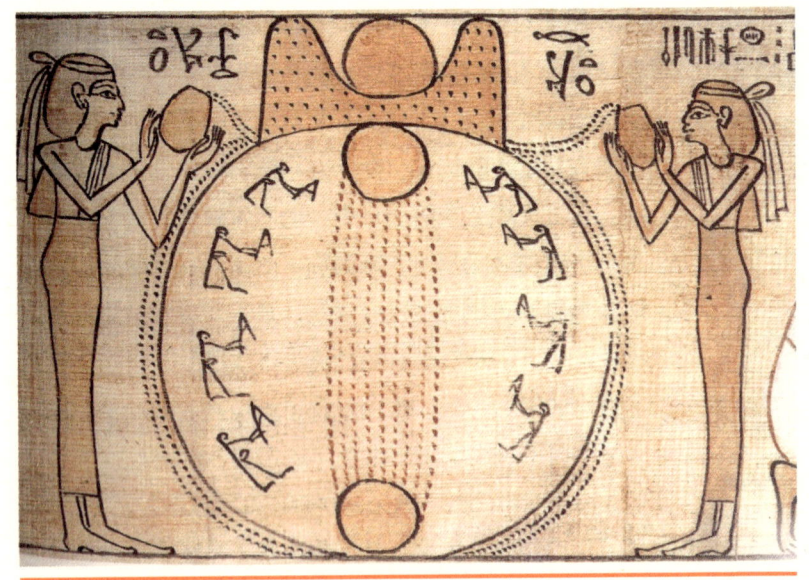

**太阳的运行**
太阳从阿亥特升起,从天空中经过;世界则像一个圆形水泡,旁边的两位女神手持水罐,倾倒出原始努水;在水泡形的世界中,人们正在劳作。

洪水,而原始土丘的出现则形象地表达了每一年的洪水退去时土地显露出来的情景。神话中的原始土丘在古代埃及人心目中具有十分重要的地位。这大概是因为在漫长的洪水季中,古代埃及人民盼望着洪水退去,以便能够耕种土地;而水位下降时土丘首先显露出来,意味着繁忙的播种即将开始。洪水退去后留下肥沃的土壤,植物就从这一片沃土中生根抽芽,开始新的生命周期。对于从事农耕的埃及人而言,这是年复一年生命的开始,周而复始,永无止境。而望见洪水中最初显露出来的土丘时的欣喜,大概就演化成创世神话中世界诞生的模样。

古代埃及神话中宇宙形成的过程也体现了古代埃及文化中二元对立的观念。显然没有任何人知道宇宙开始之前的世界是什么样子,但是古代埃及人根据已经形成的宇宙来想象创世之前的世界。创世之后的世界是干燥而充满空气的，而创世之前的世界则是潮湿而充满努水的；创世之后的世界是充满活力的，而创世之前的世界则是惰性的；创世之后的世界是有限的，而创世之前的世界是无限的；创世之后的世界是由太阳照亮的，而创世之前的世界是无尽的黑暗；创世之后的世界是可知的，而创世之前的世界则是隐秘不可知的。这种对立本身将具体的世界抽象为性质的描述，其实正是对尼罗河谷自然环境的概念性表达，进而发展为宇宙形成过程中时间维度的二元对立。创世之前世界的四个性质（潮湿、无限、黑暗及隐秘）被古代埃及人赋予神性和形象，成为创世之最初的神祇，同时还有相应的四位女性神祇作为他们的伴侣。这八位神祇被称为"八神会"。这八位神祇通常的形象是青蛙头人身（男神）和蛇头人身（女神），这大概是由于这两种动物是洪水来临时最常见的动物。八神创世神话起源于古代埃及城市赫尔墨玻利斯。赫尔墨玻利斯是这个古老城市的希腊化名字，其埃及语名字就是"八神之城"。这一神话被后世的埃及历史学家称为赫尔墨玻利斯神学体系。

赫尔墨玻利斯神学主要关注创世之前世界的状态和性质，而在另一座城市赫利奥玻利斯，古代埃及神学家们则详细阐述了创世的过程。在赫利奥玻利斯神学体系中，现存世界的源头是一位叫阿吐姆的神。在创世之前，阿吐姆以惰性状态存在于原始努水之中。随后，阿吐姆开始自我演化，开始创世的过程。由阿吐姆生出了空气，即男神舒与其伴侣泰芙努特。舒的诞生使得努水中间形成了一个充满空气的空间。这一对空气之神又生出了土地神盖伯与天空女神努特，这一对神祇为舒所开创的空间确立了边界——天与地。天地之神又生出了四名子女，奥赛里斯与伊西丝，塞特与奈芙提丝。这九位创世神祇被尊为赫利奥波利斯的"九神会"。

## 尼罗河的赠礼

在古代埃及人的心目中，神创造出来的世界就像存在于一个巨大的水泡当中，天空也由水构成，太阳神乘坐太阳船在天空中航行。夜晚的时候，太阳船航行到地下。地下的世界叫作笃阿特。古代埃及人认为，在天与地下世界之间存在着一片特殊的区域，叫作阿亥特，太阳东升西落都要经过这个区域。这大概出于古代埃及人的实际观察：黎明与黄昏时，太阳光都是逐渐变化的。正因如此，他们认为天空与笃阿特并不是直接相连的，阿亥特就是天空与地下世界之间的过渡。阿亥特也是地平线的同义语。在古代埃及象形文字中，表示阿亥特的符号就形如汉字的"凹"，因为埃及人总是能够看到太阳从东部沙漠的山口中升起，再经西部沙漠的山口降落。富于想象力的埃及人常常借由拟人的手法来表达他们对宇宙结构的看法，将他们心目中的世界用生动形象的图画表现出来。

除了时间维度，在空间维度上古代埃及人也发展出独有的二元世界观。而这种空间上的二元对立恰恰来自于他们赖以生存的自然环境和尼罗河谷独有的地理地貌。埃及人管自己的国家叫作"两片土地"，这两片土地就是指上埃及与下埃及。他们也把自己的土地叫作"黑土地"，黑土地上肥沃的土壤是尼罗河母亲年复一年从上游带来的。非洲腹地热带雨林的腐殖质与火山灰都融入河水，黝黑的淤泥在埃及沉积下来，为这古老的文明源源不断地输送着养料。周边的干旱沙漠布满了砾石，在阳光的照耀下泛着淡淡的红光，埃及人称沙漠地带为"红土地"，代表着死亡、危险与贫瘠。生命与死亡的二元对立并非空穴来风和主观想象。古代埃及地处撒哈拉沙漠，阳光炽热，风沙漫天，常年降雨量几乎为零。当沙尘暴来临的时候，就好像沙漠之神的羽翼扫过，好像要把河畔仅有的绿色也吞没一般。可以说，埃及人是生活在与沙漠搏斗的前线。如果不是尼罗河带来丰沛的水源，埃及的土地上绝不可能发展出农耕文明。尼罗河的泛滥平原上，黑色土地上

第一章 | 埃及的母亲河啊

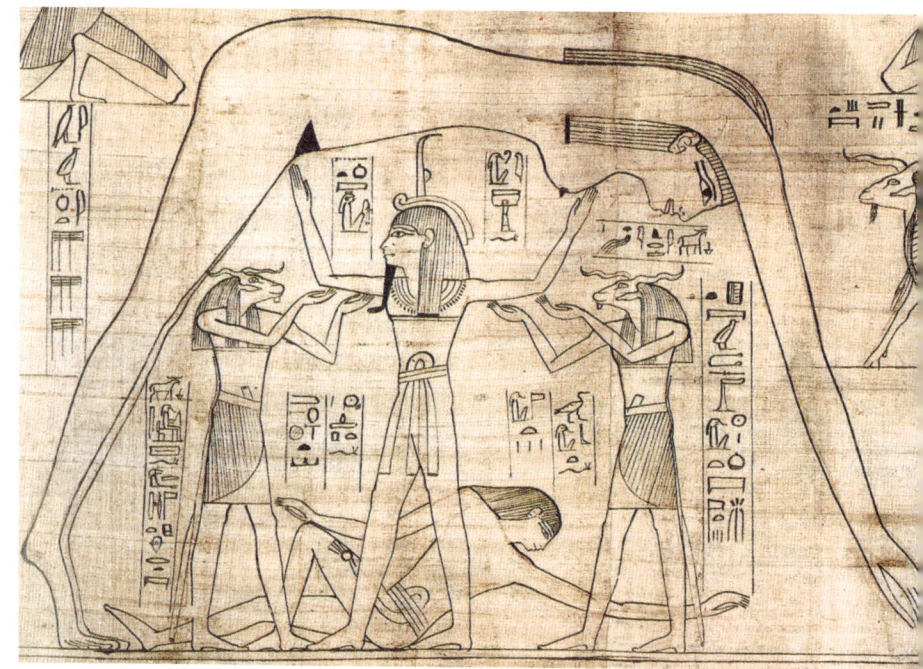

**埃及人的宇宙观**
这幅纸草上的图画恰如其分地表达了古代埃及人的宇宙观。天空女神努特弓着身体,构成了笼罩大地的穹庐,而盖伯则卧在地上。在他们中间的是他们的父亲空气之神舒,他托举着天空女神。

麦苗青翠,绿草如茵;而在洪水无法企及的沙漠地带,哪怕只有一步之遥,也是石砾遍地,寸草不生。在埃及,人们可以一只脚踏在农田里,另一只脚踏在沙漠中,草地与沙漠的界限是如此明显,生命的喧闹与死亡的寂静紧密相连。

埃及人将自己的土地分为上下两个部分。有了尼罗河,才有上埃及与下埃及。下埃及指现在埃及首都开罗以北的地区,地势较低,尼罗河在这里分为若干支流,形成了富饶美丽的绿色三角洲,上埃及是开罗以南地势较高的狭窄河谷,再往南边的上游去,就是航船无法通

15

|尼|罗|河|的|赠|礼|

行的瀑布区,从那里开始就是邻居古代努比亚人的家乡。上下埃及迥然不同的地貌特征也深刻影响了埃及文明的形成与发展。在古代埃及,法老被称为"上下埃及之王",头戴双重王冠——代表上埃及的白冠与代表下埃及的红冠。在古代埃及的历史上,也有过地方割据南北分裂的中间时期,其间南方的王与北方的王相互征战,在领土尚未统一时,国王都不能头戴双冠。虽然南北有别,在埃及历史中,南北统一却是国家最为重要的问题,只有南北统一,玛阿特才能够得到维护,宇宙才能够回到正确的轨道上。

何谓玛阿特呢?很多学者把这一概念翻译为汉语的"道"。其实,玛阿特是古代埃及人特有的观念,代表着宇宙的秩序,正义的维护与

**纳尔迈调色板**
在纳尔迈调色板上的正面(右边),国王纳尔迈以头戴红冠的形象出现;在背面(左边)则是以头戴白冠的形象出现。这是古代埃及历史上第一次出现头戴双冠的君主,学者们因此而认为纳尔迈第一次实现了埃及的统一。

真理的存在。玛阿特的对立面就是混乱，这一二元对立的观念无疑也来自埃及独特的环境。洪水带来的混乱与洪水退却的秩序重建，洪水泛滥平原上有序的农耕社会与沙漠地带经常来侵扰的蛮族，这些独特的环境因素给埃及人带来了秩序与混乱的概念，并随着埃及文明的发展而延续下去。国王是玛阿特的维护者，维持宇宙的运行秩序与社会的长治久安是每一任国王不可推卸的责任。国王的驾崩是玛阿特遭到破坏的表现，需要有新的国王通过继承王位来重新确立玛阿特。在古代埃及的神话中，玛阿特的概念由一位女神来代表，她是太阳神的女儿，享有至高无上的地位。对于个人而言，玛阿特也是非常重要的。埃及人死后来到地下世界，要将自己的心脏放在天平上，而天平的另一端则端坐着玛阿特女神。如果天平无法保持平衡，就说明此人生前做了许多恶事，就不会得到死后的永生了。总之，在古代埃及文明中，大到王朝更迭，小到人们的生老病死，都离不开玛阿特。国王需要行玛阿特，普通人也要行玛阿特，宇宙的存在与秩序都依赖于玛阿特。

太阳与星体的运行也是宇宙秩序——玛阿特的体现。古代埃及人很早就懂得观星测天之术，并根据太阳的周年运动、恒星的运动与尼罗河的泛滥周期制订了历法。古代埃及历法是世界上最早将1年分为365天的历法。和我们中国一样，古埃及人也把1年分为12个月，每月30天；1月又分为3旬，每10天为1旬。余下的5天是诸神的生日，举国上下都将举行庆典。以埃及所处的地理位置而言，一年四季的更迭并不明显。因此，古代埃及人以与他们紧密相连的尼罗河泛滥周期为基准，将1年分为3个季节，每1季节有4个月。第一个季节是泛滥季，开始于每年7月中旬，并持续至11月中旬洪水退下，之后是生长季，从11月中旬至次年3月中旬。洪水退后留下了肥沃的土壤，埃及农民就在沃土中撒下种子，无需任何肥料，尼罗河淤泥的养分与灿烂的阳光就足以使庄稼作物茁壮生长；3月中旬至7月中旬是收获季，庄稼陆续成熟，必须在下一次洪水来临之前将地里的庄稼收割完毕，否则洪水来临，田地将被洪水淹没，成为一片泽国。

在观测形象时，古埃及人很早注意到了夜空中最明亮的恒星——位于大犬座的天狼星。对于古代埃及人而言，天狼星是最重要的星星。在埃及，天狼星在全年的大多数时间中是可见的，但从公立5月初至7月中旬的这段时间，夜晚的天狼星位于地平线之下，无法观测到。直到7月中旬，天狼星又重新在黎明时升起，这正好与尼罗河的泛滥同时出现。正因如此，古代埃及人把天狼星再次升起的那一天定为元旦，即泛滥季第一月的第一日。

然而，看似完美的埃及历法也有其内在的缺陷。这一缺陷不是历法本身造成的，而是由于地球的公转周期并不是自转周期的整数倍——实际上，一年不是365天，而是365天又5小时48分46秒。因此，天狼星的升起每四年就会提前一天，只有经过1453年，天狼星才会又在元旦那一天升起。尽管如此，这一历法由于其简便明了而成为古代埃及人的行政历法。书吏们在记述历史事件时就会使用这种历法，人们在日常生活中也使用这一历法，例如，工匠每旬工作八天，其余的两天是"周末"，可以在家中休息。

除了太阳历，古代埃及人还使用月亮历，即根据月亮的盈缺周期而制订的历法。基于对月亮直接观察而得出的月亮历历史更为悠久。月亮历与祭祀和宗教的关系更为密切。一些特定的宗教活动总是发生于新月或满月时。根据出土的纸草文献记载，神庙的执事表大都是依照月亮历来安排的。此外，考古学家还发现了

玛阿特女神
玛阿特女神头戴羽毛，常常出现在壁画和浮雕中。

行政历与月亮历的对照表。月亮历的每一天都有自己的名称。古代埃及人将月亮历与太阳历相联系使用，发展了先进的历法体系，这是与埃及重视农业生产和祭祀活动的传统密不可分的。古代埃及的水文官员需要准确预测洪水来临的时间和洪水量，不仅为接下来的播种做准备，也可以推算出下一年的收成，以此来规划国家的政治经济活动。天文观测一般都在神庙中进行。神庙的祭司不仅负责宗教仪式，还需要掌握各种知识。神庙的图书馆就是这些知识的宝库。这是因为天文地理和伦理道德都是玛阿特的一部分。对自然界与人类世界的了解，也就是对玛阿特的了解。但是这些了解并不是为了使人类本身强大起来和神的视界抗衡，而是要更好地去维护神在地上所建立的秩序，即维护玛阿特。这就是埃及人，讲求现实，又热衷于宗教探索，努力探索世界，却又对未知充满敬畏，在二元对立的观念中构建着平衡与和谐，循环往复，永无止境。

# 第二章

# 诸神起源之地

　　生活在公元前1世纪的古希腊历史学家西西里的狄奥多罗斯在其著作中这样写道："埃及是神话中诸神起源的地方，据说在那里人们最初观察星辰，许多伟大人物的丰功伟绩都在那里记录下来，所以当我们记录历史的时候，应当从与埃及有关的事件开始。"的确，古代埃及的历史犹如他们的母亲河一般源远流长。人们感叹希腊文明的伟大时往往不会想到，此时的古埃及早已经在经历了两千多年的辉煌后步入黄昏了，埃及就像一位耄耋老者，只有沧桑的面孔默默诉说着人生的跌宕起伏。

|尼|罗|河|的|赠|礼|

# 一、古埃及历史分期

从公元前3050年前后统一国家诞生,到公元前30年托勒密王朝最后的君主克利奥帕特拉七世自杀,埃及沦为罗马帝国的一个行省,纳入罗马版图,不再是独立的国家。埃及文明历经三千余年,经历了从萌芽到辉煌又走向衰落的过程。从罗马统治开始,埃及就一直处于他国的统治之下,古老文明的辉煌也逐渐被人遗忘;直到20世纪50年代,埃及才最终摆脱西方殖民势力的控制,成立了共和国,这片古老的土地终于又回到了埃及人的管理之下。

埃及考古学的发展使得人们逐渐了解古代埃及。从西方殖民者的收藏热开始,埃及文物就不断流散到世界各地的博物馆和收藏家手中。与此同时,西方学者开始研究古代埃及的历史、文字与艺术,形成了一门专门的学问叫作"埃及学"。从法国语言学家让·弗朗索瓦·商博良在19世纪20年代成功解读古埃及象形文字以来,对古埃及语言的研究已经相当深入,西方学者将埃及各处古迹上的铭文和出土纸草陆续整理发表,经过近二百年的积累,学界对古代埃及的了解比起商博良的时代已经有了飞跃式的发展。

法国语言学家商博良(1790—1832)

最早详细记载古代埃及历史和文化的外国学者是古希腊历史学家希罗多德。希罗多德是否真的前往埃及进行了实地考察已经很难考证,但当时有很多希腊人慕名前往埃及，探访各地的名胜古迹，希罗多德可以收集到很多关于埃及历史文化的材料。公元前3世纪的古希腊历史学家曼尼托所撰写的《埃及历史》显然更加可信。曼尼托生活在托勒密时代的埃及，他是一位神庙祭司。通晓埃及文与希腊文的曼尼托很可能能够得到第一手的材料，因为在神庙图书馆中藏有大量纸草文献。遗憾的是，曼尼托的文稿已经失传，后世的研究者只能从其他作家的引用中知道曼尼托原稿的部分内容。曼尼托根据王室家族的更迭将古代埃及的历史划分为不同的王朝。现代的学者也沿用了曼尼托的王朝划分，并将古代埃及的历史分为以下几个部分：

第一，前王朝时代（公元前五千纪中期到公元前3050年），这一时期埃及出现新石器时代文化，包括巴达里文化和涅伽达文化等。这一时期是埃及文化逐渐形成的时期，从原始的村落发展到区域性部落联盟，王权的观念逐渐形成。

第二，早王朝时期（公元前3050年至公元前2686年），包括第一王朝和第二王朝。这一阶段是埃及完成国家统一，建立王权，国家制度和宗教初步完善的阶段。

第三，古王国时期（公元前2686年至公元前2125年），包括第三至第八王朝。这一时期的埃及富饶强大，开始建造大型陵墓，其中最著名的就是位于吉萨高原的金字塔建筑群。在艺术上也日臻完美，成为后来古代埃及艺术的典范。这一时期，宗教理论和宗教文献也开始出现。

第四，第一中间期（公元前2160年至公元前2055年），包括第九至第十一王朝的前半段。这一时期是埃及历史上第一个分裂时期。古王国后期，中央政府式微，上下埃及各自为政，内战不断。中央政府失去了对地方的控制，形成了地方军阀割据的局面。这一时期，地方风格的艺术开始发展起来。

第五，中王国时期（公元前2055年至公元前1650年），包括第十一王朝的后半段以及第十二至十四王朝。骁勇善战的第十一王朝君主战胜了北方的割据势力，再一次统一了国家。这一时期是古代埃及的古典时期，中央集权进一步加强，文学艺术大放异彩，从前只属于王室的宗教观念普及到了全社会。

第六，第二中间期（公元前1650年至公元前1550年），包括第十五至十七王朝。埃及又一次陷入了分裂。北方三角洲地带的外来移民摆脱中央政府的控制，建立了自己的国家，并取代了第十四王朝的统治，这就是历史上所称的"喜克索斯人"。在南部崛起的地方贵族建立起第十六王朝和十七王朝，与之抗衡。

第七，新王国时期（公元前1550年至公元前1069年），包括第

卡尔纳克王表
雕刻于卡尔纳克神庙图特摩斯三世的阿赫美努殿，记载第四王朝第一位君主斯奈弗如以及六十一位杰出君主的王名。

十八王朝至第二十王朝。这一时期也被称为埃及历史上的帝国时期。无论是建筑艺术，还是对外军事征服，此时的埃及可谓如日中天，成为独霸一方的强大帝国，控制着从幼发拉底河到下努比亚的大部分地区。

第八，第三中间期（公元前1069年至公元前664年），包括第二十一至第二十五王朝。这一时期，埃及又陷入了分裂状态，王位更迭频繁，政局不稳，经济脆弱。古代埃及文明开始走向衰落。

第九，后期埃及（公元前664年至公元前332年），包括第二十六王朝至第二次波斯统治时期。第二十六王朝又称为努比亚王朝，位于埃及南部的努比亚王国征服了埃及，将埃及统一起来。在这一时期内，古埃及还两次遭到波斯铁蹄的蹂躏。埃及文明不可遏止地走向衰落。

第十，希腊化时期（公元前332年至公元前30年），包括马其顿王朝的短暂统治与托勒密王朝长达275年的统治。此时的埃及在托勒密国王的统治之下又走向了复兴，成为富甲一方的强大帝国。希腊文化被引入埃及。同时，随着希腊化各国的贸易往来，埃及文化也传播到世界其他地方。值得一提的是，随着丝绸之路的开通，埃及也参与到丝绸之路贸易中来，成为中国的贸易伙伴。

## 二 文明伊始

早在旧石器时代，尼罗河流域就有古人类居住。公元前七千纪以后，埃及各地的新石器文化如雨后春笋般发展起来。这时的古代埃及人还处于原始社会，居住在小型村落中。在下埃及，主要的新石器晚期文化遗址有法雍A文化、迈里姆德文化、埃尔—奥马里文化、马阿迪文化等，在上埃及地区，主要的文化遗址有塔萨文化、巴达里文化以及后来成为埃及文明源头的涅伽达文化。古埃及文明的萌芽并非孤立事件，是各个文化互动的结果。

公元前六千纪，非洲北部地区发生了干旱。这场干旱不仅影响到尼罗河谷地区，也影响到了尼罗河谷以西撒哈拉地区的游牧民族，迫使其迁移到尼罗河谷来寻找水源。考古学家发现，在尼罗河谷地区，公元前六千纪时游牧民族生活遗迹大量增加。同一时期埃及的遗址中发现了大量与撒哈拉地区遗址相似的石器，如扁斧、燧石器、石制箭头等，还发现了鸵鸟蛋壳和羽毛制成的装饰品和珠子，两地的陶器也具有相似的形制。撒哈拉游牧民族与早期尼罗河居民相融合，形成了埃及前王朝文化。撒哈拉居民还为尼罗河谷增添了新的经济形态。尼罗河新石器文化以渔业为主，而撒哈拉移民则带来了畜牧业与基于植物采集的原始种植业。西亚地区文化的传入也为埃及文明的诞生作出了贡献。最早在西亚地区得到驯化的二粒小麦、亚麻、绵羊与山羊在这一时期也传入了埃及。大约在公元前六千纪末至公元前五千纪初，尼罗河三角洲的迈里姆德文化就已经开始饲养牛、猪与山羊等牲畜，在法雍地区则开始种植经人工改良过的大麦。同时传入的还有来自东地中海地区的纺织技术。在法雍A遗址发现了迄今为止埃及境内最早的纺织业遗迹。陶器的出现则可上溯至距今9400年前的苏丹中部地区（即现在北苏丹首府喀土穆附近）。相似的陶器类型也发现于距今9800年至8000年前的纳布塔—普拉亚遗址。非洲北部最早的陶器制造业可能出现在苏丹中部至撒哈拉东部的一条文化带上，既尼罗—撒哈拉语系所覆盖的地区，对尼罗河谷古埃及文明的诞生产生了重要影响。纳布塔—普拉亚位于上埃及西部的沙漠中，在今天的埃及与苏丹边境线以南。虽然地处沙漠内陆，但是在新石器时代，那里气候非常温和，不但降水丰沛，还有季节性湖泊存在。早在距今1万年前，纳布塔—普拉亚地区就已经驯化了牛，并且可能已经开始种植原始的作物。在该遗址发还现了数座公元前六千纪至公元前五千纪的石墓，墓中发现完整或部分牛骨。这些墓葬沿一条干涸的河床排列，一直通向一个季节性湖泊。有学者认为，这些墓葬是远古巨石阵的一部分。除此之外，还有小型砂岩石板围成的石阵，可能是远古的太阳历。在干湿期交替的特殊气候条件下，这些游牧民族与尼罗河流域各个文化之间的互动更为频繁。在干旱时期，他们前往尼罗河流域寻找水源，并与当地的土著居民融合在一起，为其发展带来了新的动力。

公元前五千纪后期，尼罗河谷的村落社区开始逐步进入农业定居社会。在开罗以南大约400千米的小镇埃尔—巴哈里，考古学家发现了原始村落的遗址，并将其命名为巴达里文化（大约公元前4400年至公元前4000年）。这一遗址沿尼罗河谷绵延达35千米。巴达里文化是上埃及地区最早的农业文化，目前为止发现了40余处小型居住村落，600余座位于河谷与沙漠边缘地带的墓葬。这些墓葬都是土坑葬，即在地面挖掘圆形土坑，再将死者埋在土坑之中，没有修葺任何墓道或墓室。埋葬方式为左侧身屈肢葬，头顶朝南方，面朝西方。头顶朝向南方可能是因为尼罗河的源头在南方；面朝西方则可能是因为西方是日落的方向，代表着死亡。在骸骨下通常垫有芦席，头部则垫有稻草或动物皮革（可能是羚羊）卷成的头枕；骸骨一般用芦席或兽皮覆盖，少数情况下，在骸骨与兽皮之间还垫有一层麻布。从骸骨上残留的衣物可以看出，死者入葬时穿着由亚麻或衬以亚麻的动物皮革制作的缠腰布。

　　古人对于美的追求一点也不逊色于现代人。即使在生产水平极端低下的原始社会，各种精美的陶器、饰品和化妆用品也向我们展示出人类爱美的天性。巴达里文化使用制作精美的波纹红陶。这种红陶可能源自位于努比亚地区的喀土穆新石器文化。陶器制作精良，通常是加炭陶，使用尼罗河淤泥手工捏制而成。大部分陶器的边缘呈黑色，表面经过刨光后再以木梳刻画出波形纹饰。粉砂岩研磨调色板也是常见的随葬品。古代埃及人在这种小石板上将矿石研磨成粉末，再用这些矿物质粉末涂画眼影。燧石刀、古针、骨梳和象牙女性小雕像也是常见的随葬品。巴达里文化墓葬中还首次出现了骨梳。这种骨梳带有长齿，柄部常采用较为抽象的动物形象，例如左右各饰有鸟头形的突起。鸵鸟蛋壳通常用来制造珠子和小型器皿。来自红海的贝壳穿孔后用作项链坠。巴达里文化向南传播至希拉康玻利斯，向东传播至哈玛玛特旱谷，向北传播至阿尔蒙特。某些巴达里文化遗址村落还显示出季节性的特征。在漫长的洪水期，居民可能会带领牲畜迁移，寻找新的牧场。巴达里文化已经出现了初步的贫富分化和社会分层，有的墓葬随葬品较丰富，有的墓葬则十分简单，几乎没有随葬品，贫墓与富墓分别位于墓地的不同区域。巴达里文化在来源上尚不明确，但可以肯定的是其与西部沙漠文化密切相关，在巴达里文化中所使用的石制工具与西部沙漠地区所使用的非常类似。总的来说，巴达里文化还没有形成等级与政权的观念，社会可能是按照家族的方式组织在一起的，大家族聚居在一起形成村落，在村落中可能采用自治的方式进行管理。各个村落之间也可能存在着贸易往来。

在巴达里文化之后发展起来的是涅伽达文化（大约公元前4000年至公元前3050年）。涅伽达文化得名于其发现地——位于尼罗河西岸的小镇涅伽达。这座小镇位于尼罗河基纳转弯的顶点，紧邻东部沙漠地带，距首都开罗大约600千米。涅伽达文化并不仅仅指发现于涅伽达地区的村落遗址，也包括其他与涅伽达地区村落遗址具有相同文化的遗址，可以说，涅伽达文化是对这一文化类型的统称。涅伽达文化和巴达里文化之间有很多共同点，两者之间可能存在着传承关系。涅伽达文化的分期和断代最早是由埃及考古学之父弗林德·皮特里在20世纪初确立的。1895年至1896年冬天，皮特里在涅伽达附近发现了大型史前墓地（大约1.5万余座墓葬），开启了埃及文明起源研究之门。在考古学上应用广泛的相对年代序列法就是由皮特里首先发明并加以应用的。所谓相对年代序列法就是根据出土的陶器类型来判断它们之间的先后关系，从而确定各个文化遗址存在的年代序列。这种方法虽然不能判断出这些遗址有多少年的历史，却能够清楚知道它们谁先谁后，从而了解它们之间的传承关系，找到文明发展的脉络。涅伽达文化分为三期，每一期又分为若干阶段。

涅伽达文化一期（公元前4000年至公元前3500年），是古代埃及文明从原始社会走向等级社会的关键时期。在这一时期，墓葬的形式延续巴达里文化的椭圆形土坑葬，埋葬的方式也与巴达里文化相同。但是，这一时期的墓葬出现了更明显的贫富分化。古代埃及开始向着等级社会发展了。希拉康玻利斯也是涅伽达文化的重要遗址。希拉康玻利斯位于涅伽达以南大约100千米处，那里出土了带有享殿的长方形大墓，墓中还发现了石质权杖头。权杖头共两枚，由斑岩打磨制作，呈碟形，中间有孔，可以安置在木棍顶端。最早的古人可能是将石头绑在木棍顶端来制作简单武器的。后来这种武器发展为象征统治权力的权杖，权杖头也不再是简单的石块，而是用具有美丽纹路的岩石打磨成飞碟的形状。面对这样的发现，我们不禁要想，权杖头的主人究竟是谁？是不是古埃及最早的一批首领？或许正是他们带领自己的人民披荆斩棘，扩展疆土，从部落走向国家。在涅伽达附近，考古学家们还发现了村落房屋的遗迹。此时的房屋多为圆形棚屋，棚屋的墙壁由芦苇织成，表面涂泥。较小的棚屋可能用于贮藏；较大的棚屋内一般设有火炉，可能是村民的住房。这些房屋聚集在一起，形成大小不一的村落，面积在几百平方米至几公顷之间，其中有很多村落长期有人定居，居住时间超过200年。除了农业生产，饲养牲畜也是当时社会经济的重要组成部分。考古学家发现了圆形建筑遗迹，内有大量牲畜粪便，很有可能就是饲养牲畜的大型圈栏。在希拉康玻利斯附近，考古学家还发掘出围成半圆形的木栅栏和泥砖砌成的食槽，食槽中还残留着大麦的麦穗。

仅凭这些残存的遗迹，我们很难还原当时人们生活的图景。此时的人们还没有发明文字，更不会有任何记载留下来，我们只知道他们耕种、放牧、狩猎、打鱼、捕鸟，利用尼罗河畔一切可以利用的自然资源，用勤劳灵巧的双手把人类历史带入文明的大门。他们烧制精美的黑口红陶，以陶碗和钟形陶杯最为常见。尼罗河畔黑色的黏土富含铁元素，经过烧制就会变成美丽的棕红色，而容器的边缘部分则有意通过增加木炭而熏成光亮的黑色。这些陶器颜色质朴，手感细腻，表面均匀有光泽，就算放在今天的餐桌上，也一定能够赢得客人的赞扬。石器的制作达到了更高水平。石质工具和器皿的制作工艺更加精湛，甚至出现了极为精美的燧石匕首。象牙和兽骨多用于制作首饰和精致灵巧的日常生活用品，如骨梳和骨勺等，充分表达了人们对于美好生活的追求与向往。

在涅伽达文化一期的最初一个世纪，自治村落得到了发展。村落逐渐发展壮大，难免与其他村落因为土地、水源或贸易而发生冲突。

战争的出现使得一些村落相互结盟，形成新的政治体，从而产生了首领。随着社会的发展，首领的权力也越来越大。在这一时期，上埃及可能存在 49 个跨村落政治联盟，每个政治联盟都有自己的标志，这些标志常常刻在调色板或陶器上，因此得以保留下来，为今人所知。随后，这些政治联盟又相互吞并，形成更大规模的政治实体。到了涅伽达文化一期末期，上埃及地区大约出现了 8 个政治中心。

涅伽达文化二期（公元前 3500 年至公元前 3200 年）已经不再局限于上埃及地区，涅伽达文化开始了向周围扩张的进程，向南传播到努比亚地区，向北传播到尼罗河三角洲。在这一时期，墓葬不论是在规模上还是在随葬品的丰富程度上都出现了明显的差异，有简单的椭圆形坑葬，只带有零星的随葬品，也有泥砖砌成带有多个墓室的长方形墓坑，随葬品十分丰富。希拉康玻利斯 100 号墓中，还出现了精美的壁画。墓葬的分化意味着当时的社会已经出现了社会等级的分化。这一时期最为重要的发展之一是木乃伊制作——人们开始简单地使用麻布条缠绕尸骨。这或许说明在当时的社会中已经发展出原始的宗教，人们开始相信永生的观念，希望能够保存尸体。

此时的城市已经发展成熟，新的建筑类型也初现了。希拉康玻利斯已经发展成为大型城市，出现了最早期的宫殿和神庙，以及行政机构和手工业工场。考古学家发现了一座宽度大约 13 米，并带有柱子的木质建筑遗迹，很可能就是最早的宫殿。另一座建筑如今只残留椭圆形围墙（大约 32 米 ×13 米），围墙内的地面铺有泥砖，地面上还残留着燧石加工剩下的残余石料，以及大量水生动物骨骼，包括乌龟、鳄鱼与大型鲈鱼等的骨骼。这些很可能是用于祭祀的，这座建筑很可能就是祭祀场所，或者说是神庙的雏形。毫无疑问，在涅伽达文化二期已经出现了最早的统治阶层，王权的观念也正在形成。碟型权杖头逐渐消失，取而代之的是梨型权杖头。大部分梨型权杖头都是用花纹美丽的岩石打磨制成，有的体积很大，显然只能在仪式中作为礼器使用。调色板也不再是简单的石板，而是变为规则的长方形或菱形，上面刻有精致的浮雕装饰，也具有了仪式性功能。最为显著的发展是石制器皿的大量出现。石制器皿的制作主要采用旋挖钻法，材质也多种多样，包括角砾岩、粉砂岩、雪花石膏、石灰石，甚至坚硬的黑色玄武岩。这些坚硬的岩石由工匠开采出来，做成精美的容器，如石罐、石瓶、石碗和石杯等，有些容器体积巨大，显然是作为礼器和陪葬品使用的。这些石器造型优美，线条流畅，表面细腻润泽犹如凝脂，岩石美丽的纹理清晰可见，其制作工艺如此精良，简直达到了叹为观止的程度。毫无疑问，在当时的技术水平下，这些石制器皿的制作绝非一朝一夕能够完成，需要耗费大量时间和人力，这就意味着当时的社会已经出现了专门为统治阶层服务的工匠，他们年复一年地重复着枯燥艰辛的工作，连姓名也无法留下。然而即使过了5000年，这些美丽的石器仍然独具魅力，散发着古朴宁静的气质，不愧为人类智慧与美的结晶。

制陶工艺也发生了巨大的进步。黑口红陶逐渐退出了历史舞台，取而代之的是带有红色彩绘图案的白色硬陶器。陶器所使用的是来自沙漠边缘地带的黏土矿（主要成分为二水合硅酸铝）。与尼罗河沉积淤泥相比，黏土颗粒更小（直径小于1/265毫米），烧制后呈乳白色，质地更为细腻，也更坚硬。白硬陶的表面往往用赭石颜料描绘出各种图案，包括几何图形、人物与动物形象、神龛与船只等。这些美丽的图案可能代表了最初的神祇和宗教仪式，贯穿古代埃及历史的宗教观念可能就是在这一时期开始形成的。除了精致的白硬陶，粗陶也流行起来。从涅伽达文化二期的中期开始，大量粗陶开始用作随葬品，并盛有食物，如面包、啤酒和肉类，也可能用沙土来代替这些食物。粗陶在日常生活中也更为常见，出现了专门生产陶器的手工工场。从前仅供社会上层使用、作为奢侈品的陶器，现在变成了一般性的生活用品，"飞入寻常百姓家"了。粗陶的发明极大地降低了生产成本，提高了效率和产量。在烧制过程中加入炭可以使陶器的透气性更好，也更轻便，更适合日常生活使用。陶器制作的一个重要发展是陶器标记。陶器标记是在烧制后刻在陶器上的特殊符号。这些标记种类繁多，包括人物形象、动物形象或抽象符号，如箭头、三角形和月牙形等。这些符号可以说正是文字的雏形，说明当时社会结构和社会关系日益复杂，需要发展书写体系来满足社会生活中的各种需要。如果在同一墓坑的陶器上刻有相同的符号，一种可能性，意味着这些陶器或许出自同一工场；另一种可能性，意味着这些标记是墓主人身份的标志，代表了墓主人对这些随葬陶器的所有权。在金属工艺方面，铜制品数量增加，不仅包括各种饰物，如戒指、手镯和珠子等，还出现了铜制工具，如铜斧和铜刀。值得注意的是，在古代埃及，金属工具要到希腊化时代才得以完全取代石制工具。这并非由于古代埃及的技术水平低下，而是由于燧石工具有其独特的优越性。燧石非常廉价，而且如果打磨得当，也非常锋利。这一时期，金银的使用大幅度增加（主要是金，由于银矿稀少，银在古代埃及几乎比黄金还要昂贵）。

涅伽达文化二期是古代埃及国家观念形成的时期。在上埃及的八个政治中心中，有三个尤为强大，由南向北分别是希拉康玻利斯，涅伽达和阿拜多斯。这三个政治中心逐渐兼并了其他地区，成为上埃及的领导者，在这一时期的器物上，多出现凯旋、战俘与献祭的主题。权力的观念也早已经融入涅伽达文化之中。到了涅伽达文化二期的中后期，上埃及已经具备了国家的雏形，并且开始向北部扩张。北部的一些本地文化开始接受涅伽达文化，成为涅伽达文化的一部分。此时的领导者可能是阿拜多斯或希拉康玻利斯。到了涅伽达文化二期的末期，上埃及地区已经形成了原始国家。

| 尼 | 罗 | 河 | 的 | 赠 | 礼 |

涅伽达文化三期（公元前3200年至公元前3050年）是埃及建立起统一国家的时期。在这一时期出现了王陵。目前发现年代最早的王陵是位于阿拜多斯U号墓地编号为U-j的陵墓。根据刻于陶器上的蝎子图案以及在墓中发现的象牙权杖，U-j墓可能是阿拜多斯早期的一位统治者，考古学家称其为蝎王一世。U-j墓的发现具有划时代的意义。墓中出土了大量随葬品，包括骨器、象牙器和陶器，仅来自迦南地区的陶罐就有700余件，其中还有残留的酒。单只陶罐的容量可达4升至5升。这些陶罐都密封完好，带有完整封泥，上面的封印为滚筒印章所制，可以辨别出羚羊、隼、鹤和鱼叉等图案，这些图案在古代埃及具有非常重要的象征意义。同时发现的还有150余枚带孔象牙小牌，上面雕刻的图案很可能是埃及各地城市的名称。其中的一枚小牌上刻有代表下埃及城市布巴斯提斯的象形文字符号。这些小牌很可能是各个地区向国王进献贡品时所使用的标牌。象牙小牌的发现表明

**古王国时期的玛斯塔巴墓**
王室成员和高官可以在法老的金字塔旁边建造这种长方形陵墓，外围建有庭院和礼拜堂，内部有地下墓室，墓室和礼拜堂的墙壁上刻有壁画和铭文。

埃及已经基本上形成了统一的国家，埃及的势力甚至开始渗透到黎凡特地区。滚筒印章的使用表明当时已经出现了复杂的管理体系和中央集权的政治结构。此时的统治者已经开始使用荷鲁斯名和王名作为王权的标志。王陵与王名的发现使得涅伽达文化三期又被称为第零王朝或原王朝。到了涅伽达文化三期的中后期，摇篮中的埃及文明已经扩张到黎凡特地区南部。根据现有的考古发现，这一时期至少经历了11代君主，依次为隼王、尼-荷鲁斯、哈特-荷鲁斯、佩-荷鲁斯、荷德-荷鲁斯、伊利-荷鲁斯、卡、鳄鱼王、蝎王二世、纳尔迈，以及在隼王之前没有留下姓名的君主。

纳尔迈是前王朝时期的最后一位统治者，埃及的统一可能就是在他的领导之下完成的。在希拉康玻利斯的神庙中出土了一件大型石质调色板，考古学家们称其为纳尔迈调色板。这是一件用在仪式上的调色板，上面刻有纳尔迈打击敌人的浮雕。在调色板的正面和反面，纳尔迈分别戴着代表上埃及的白冠和代表下埃及的红冠。这就表明，纳尔迈可能已经取得了上下埃及的统治权，完成了国家的统一。根据公元前5世纪古希腊历史学家的记载，敏是埃及的第一位国王，他建立了首都曼菲斯。在两个世纪之后，曼尼托在《埃及史》中写道，埃及最初是由诸神统治的，第一位人类国王是曼尼斯。然而，曼尼斯究竟是确有其人还是神话传说，考古学家也没有定论。有的研究者认为纳尔迈就是曼尼斯，也有的学者认为纳尔迈的继承人阿哈是曼尼斯，或许随着更多考古材料的发现，学者们对于早期埃及的历史能够有更多的了解，也能给出令人信服的答案。不过，可以确定的是，埃及国家形成和统一的过程，绝不是一蹴而就的，可能是经过好几代君主的长期努力才最终实现，这必然是一个长期的历史过程。这其中虽然经历无数战争的血雨腥风，但更为重要的是埃及各地的文化相互融合，形成了强大的向心力，各地区的人们在长期的贸易往来中形成了文化上的凝聚力，这才是埃及最终能够形成统一国家的最根本原因。此外，从现存的早期文字和出土器物来看，当时的埃及社会很可能已经形成了统一的文化和语言，因此，政治上的统一也是势在必行。

第一王朝与第二王朝共同称为早王朝时期，大约经历了二百年。关于这一时期埃及国家的都城，学界还没有定论。根据希腊史学家曼尼托的记载，早王朝时期的都城是在提尼斯。提尼斯位于阿拜多斯附近的尼罗河河谷。虽然这座都城的遗址到现在也没有发掘出来，但早王朝时期的国王大多埋葬在阿拜多斯，因此都城很可能就在附近。此时的希拉康玻利斯与涅伽达也是重要的城市。在第一王朝时期，曼菲斯也建立起来，逐渐成为国家的政治中心。也是在这一时期，埃及文明的基本构架建立起来。国家与王权的观念已经形成——国王是神的化身，代表神统治埃及的土地。从地方到中央的行政官僚体系也初步完备，通过使用文书和印章来对国家政治经济事务进行管理。贯穿古代埃及文明三千余年的绝大部分重要观念都在此时形成。对诸多神祇的崇拜也建立起来，在埃及各地形成了崇拜中心，神学体系也开始形成。可以说，此时的埃及文明度过了蹒跚学步的年龄，长成为俊朗的少年，开始运用自己的智慧和力量，创造绚烂多彩的人生。

阿哈是第一王朝的第一位君主。他的名字在古代埃及语中是战斗的意思。这位开国之君可能统治了较长的时间。他曾前往赛斯去拜访尼特女神的神龛，主持宗教仪式。赛斯是位于尼罗河三角洲东北部的城市，尼特女神是该城的守护神，是一位女战神。阿哈的母亲是尼特荷太普王后，她的名字的意思是"尼特是喜悦的"。阿哈为她的母亲在涅伽达建造了巨大的玛斯塔巴墓。玛斯塔巴墓是指早期埃及出现的长方形大墓。玛斯塔巴是现代阿拉伯语"板凳"的意思，因为这种方形墓有着梯形的地上建筑，酷似阿拉伯板凳，才有了这个形象的名称。尼特荷太普埋葬在涅伽达，说明她可能是来自涅伽达统治家庭的公主。也就是说，早期埃及的统一包含了各个政治中心之间的联盟与联姻。阿哈之后的统治者是辙尔，他是阿哈与妃子荷奈特哈普的儿子，在位大约40年。辙尔之后即位的是辙特，他的王后是美丽尼特，美丽尼特是辙尔的女儿，是辙特的同父异母的姐妹。在古代埃及，国王与自己姐妹结婚是比较常见的。辙特的统治时间可能很短暂，在他驾崩以后，他与美丽尼特的儿子旦继位，而美丽尼特则成为摄政王，辅佐年轻的国王处理政务。但大约统治了42年，是一位颇有作为的君主。在他的统治下，不仅国家更为繁荣，而且还出现了很多制度和技术上的革新。旦是第一位使用"上下埃及之王"头衔，并且头戴双冠的君主。他还建立了一系列宫廷仪式，确立了臣民对君主的效忠制度，这些制度都为后来的统治者所沿用。以象形文字符号为基础的书写体系在旦的时期已经相当完备。此时的一项重大发明是将计数法引入到了书写体系之中，从此，古代埃及人记录年代和税收等事宜的时候，就开始以数字来记录了。这一时期的艺术也有了长足的发展，古代埃及艺术的基本法则就是在这个时候建立起来的，无论是人物刻画的比例和画面布局，还是浮雕的主题，都为后世所沿用。此外，他还改革了陵墓的结构，将楼梯引入陵墓的建造中，使建造速度大大加快。他在阿拜多斯为自己修建了华丽的陵墓，墓室的地板铺设了来自上埃及阿斯旺地区的红色和黑色花岗岩。这是古代埃及第一次大规模使用硬石作为建筑材料来修建人型建筑。在吉萨高原的东北部，发现了旦的太阳船。古代埃及人认为，国王死后就乘坐太阳船升上天空，与太阳神合一。旦在位期间多次对全国的牲畜和黄金进行清查，修建神庙，树立神像。他还兴修水利，开凿东部和西部的运河。这位了不起的君主多次率领远征军到西奈半岛和东部沙漠，与游牧部落作战，夺取对这些地区的控制权，让埃及的工匠们可以在这里安全开采矿产。根据新王国时期的医学纸草的记载，很多治病救人的方法都起源于旦在位的时期。这种说法的对错已经无从考证，不过我们可以看出，在古代埃及人的心目中，旦可能是一位上古明君。旦时代的宫廷制度也有所变化。官员的墓地紧邻君主的陵墓，在死后世界也依然效忠君王。在第一王朝时期，殉葬仍然非常流行，国王驾崩以后，幕僚和随从都要誓死相随。埋葬在国王身侧，他们就能够跟随着成为神的国王而得到永生。

　　旦之后继位的是阿辙伊布，阿辙伊布在位大约 10 年左右。之后继承王位的是旦的另外一个儿子赛麦尔赫特。赛麦尔赫特在位时间很短。但是，在他在位期间，宫廷制度得到了进一步完善，出现了"后宫"这一专有名词，他的很多妃子的头衔中都包含"后宫"一词。在赛麦尔赫特之后登上王位的是卡阿。卡阿可能是赛麦尔赫特的儿子，统治了大约 33 年。在卡阿的统治之下，埃及又经历了长时间的稳定和繁荣，然而卡阿驾崩后，王位继承可能发生了某种危机，最后荷太普赛亥姆威登上了国王的宝座，结束了纷争。荷太普赛亥姆威这个名字本身就是"两位有大权者之和解"的意思。荷太普赛亥姆威统治了 25 年或 29 年，之后的国王是拉奈布，统治时间稍短于他的前任。第二王朝的最后一位国王是哈赛亥姆威，这位君主可能再一次将上下埃及统一在一起。哈赛亥姆威这个名字的意思就是"两位有大权者之显现"，这可能也暗示了国家在他的统治之下再次统一起来。

## 三 辉煌时代

从第三王朝起，埃及进入了古王国时期。然而古王国与早王朝时期，特别是与第二王朝之间并没有特别的断裂。王国的行政中心从阿拜多斯附近的提尼斯转移到了位于尼罗河三角洲顶点，上下埃及分界处的曼菲斯。在古代埃及语中，这座城市有一个动听的名字——"白墙之城"，到了新王国时期，人们便直接叫她曼-奈弗尔，意为"永恒的美丽之城"，到了希腊语中就演变成曼菲斯。从第三王朝起，王陵从阿拜多斯迁移到都城曼菲斯附近。曼菲斯位于尼罗河西岸，距现在的开罗市大约20千米。在新都城西边的萨卡拉地区，乔赛尔修建了人类历史上第一座金字塔——阶梯金字塔。

乔赛尔是第三王朝的第二位君主，在此之前可能还有一位君主，名叫萨纳赫特，可能是乔赛尔的兄弟，遗憾的是我们对他所知甚少。乔赛尔是哈赛亥姆威与王后尼玛阿特哈普的儿子，在位28年。乔赛尔王派遣远征军前往西奈半岛，在那里开采铜矿和名贵的绿松石，取得了对西奈半岛的控制权。他的陵墓就建在曼菲斯西边的萨卡拉地区，是以阶梯金字塔为中心的巨大建筑群，包括围墙、壕沟、庭院、柱廊和享殿等一系列建筑。这些建筑的建造不仅需要耗费大量人力、物力和财力，也标志着当时的社会组织结构已经高度复杂化，政府管理水平达到了相当的高度，可以在全国范围内实现资源的调配。

在乔赛尔之后，第三王朝又经历了四位君主，然而他们的统治时间都很短暂，甚至来不及完成大型陵墓的建造。第三王朝的最后一位君主是胡尼。胡尼在阿斯旺地区的象岛建立了一座要塞，用以稳固埃及的南部边境。胡尼死后，

|尼|罗|河|的|赠|礼|

**乔赛尔阶梯金字塔**
这座金字塔是古代埃及历史上第一座金字塔，它的设计灵感来源于方形的玛斯塔巴墓。在金字塔之前还有宽阔的庭院，其中建有享庙和礼拜堂。这里是举行很多重要宗教活动的场所。乔赛尔的赛德节就在这里举行。所谓赛德节，就是君主在位满30年后，需要举行宗教仪式来使年迈的君主重新恢复活力。在第一次赛德节后每10年都要再举行相同的仪式。当然在历史上，很多君主没有等到在位30年就举行了赛德节。

继承王位的是斯奈弗如。斯奈弗如是胡尼的女婿，他娶了胡尼的女儿荷太普荷尔丝，开启了第四王朝——辉煌的金字塔时代。斯奈弗如在位期间一共建造了三座金字塔。第一座金字塔建于位于开罗以南100千米处的美杜姆地区，第二座和第三座金字塔是位于达舒尔地区的弯折金字塔和红色金字塔。达舒尔在萨卡拉以南大约10千米处，弯折金字塔因为中途改变侧面与底面的夹角而得名，在它北方大约1千米处，就是红色金字塔。红色金字塔是古代埃及的第三大金字塔，也是古代埃及历史上第一座真正意义上的金字塔。斯奈弗如发动了对利比亚地区和努比亚地区的战争。埃及远征军从这些地区掠夺了大量财富，包括各种原材料、牲畜和战俘，并将这些物资和人力用于金字塔的修建。建设如此庞大的建筑工程需要有完备的官僚体系作为支持。自治村落早已不复存在，"普天之下，莫非王土；率土之滨，莫非王臣",生产和分配都由中央政府通过各层政府统一计划与调配,农民也需要前来为他们的国王出力。斯奈弗如的儿子奈弗尔玛阿特和卡奈弗尔曾先后担任宰相,也就是金字塔建设的"总工程师"。在古王国时期,王室成员担任高官的现象十分普遍。王子们通常是父王的左膀右臂,他们担任重要的神职,也是军政要地的首领,在国家行政体系中发挥着重要的作用。

斯奈弗如与荷太普荷尔丝的儿子胡夫继成了王位,成为埃及的下一任君主。此时的埃及处于古王国最为强盛的时代,经过对周边地区的军事行动,埃及君主掌握了大量矿藏资源。胡夫时代,埃及与拜布罗斯的贸易十分繁荣。拜布罗斯在地中海东岸,位于今天的黎巴嫩地区,那里盛产雪松。历代埃及君主都派遣船队载着各种本土物资前往拜布罗斯进行交易,将拥有着美丽颜色和木纹的雪松运送回来。胡夫的太阳船就是用这种昂贵的进口木材制成。比起早王朝时代,此时的太阳船无论是在规模上还是在制作工艺上都更上一层楼。胡夫的太阳船就埋葬在大金字塔脚下,长度近50米,是世界上保存最古老、最完整的船只。大金字塔位于吉萨高原,与今天的首都开罗隔河相望。建造大金字塔的总工程师是宰相荷姆伊乌努,他的父亲就是奈弗尔玛阿特王子。在父亲与叔父之后,他成为胡夫王的宰相,组织修建世界上

乔赛尔金字塔内部的墓室
墓室的墙壁上装饰着美丽的珐琅镶嵌砖。

|尼|罗|河|的|赠|礼|

**红金字塔**
红金字塔在古代并不是红色的，它的表面还有一层洁白的石灰石。中古以后，表面的石头被拆掉用于建筑材料，内层红色的砂岩裸露出来，才使这座金字塔有了这个名字。

最大的金字塔，而他自己也得以安葬在大金字塔近旁。这是国王对大臣的最高奖励。在古代埃及，国王就是活着的神，死去的国王，升到天上，回归神的行列；埋葬在君主近旁的臣子也可以同国王一起升天，得到世人所渴慕的永生。

胡夫之后继位的是他的儿子杰迪夫拉，他只统治了很短的时间，王位就传给了他的弟弟卡夫拉，卡夫拉统治了 26 年，在他父亲的金字塔旁修建了世界上第二大金字塔，同时在金字塔东部的尼罗河河谷还修建了配套的河谷享殿。河谷享殿也是金字塔建筑群的一部分，通过笔直的长走廊与金字塔相连。此时，古代埃及的艺术也到达了第一个巅峰，大量精美的雕塑显示了工匠们超凡的技艺。国王的雕像也开始大量出现。著名的狮身人面像可以算是卡夫拉王最大的雕像了。在古代埃及，作为百兽之王的威武雄壮的狮子也被看作是国王的化身，因此，

**胡夫金字塔的巨石**
从这张老照片中，我们可以看到建造金字塔的石块是多么庞大，不仅如此，这些巨大的石块都打磨得非常光滑，因此能够严丝合缝地结合在一起。

| 第二章 | 诸神起源之地 |

**狮身人面像与金字塔**
在这张 19 世纪的老照片中,金字塔和狮身人面像还都半掩在沙土中。从这个角度看去,狮身人面像刚好位于两座金字塔的中间。狮身人面像的头部就好像初生的太阳一般,在两座金字塔组成的山峰中升起,这种巧妙的布局恰好对应了埃及象形文字阿亥特的写法。

狮身人面像象征着国王的威武气概。下一任国王门卡乌拉跟随他父亲与祖父的脚步,在吉萨高原上建筑了第二座金字塔。虽然这座金字塔规模较小,但具有完备的金字塔享殿与河谷享殿,其中有国王精美的雕像。第四王国的最后一位君主是门卡乌拉的儿子谢普斯赫特,他只统治了很短的时间。与先辈们不同,他葬在了萨卡拉的一座大型玛斯塔巴墓中。从第四王朝后期开始,对太阳神的崇拜日益繁盛。到了第五王朝,君主们不再热衷修建巨大的金字塔,而转向修建太阳神庙。

第五王朝的第一位君主是乌瑟尔卡夫。他的母亲是前朝的一位公主。从第四王朝后期到第五王朝,古代埃及国家和社会都发生了重大转变。从乌瑟尔卡夫起,君主们开始修建大型的太阳神庙,对太阳神

| 尼 | 罗 | 河 | 的 | 赠 | 礼 |

**阿布希尔的金字塔**
第五王朝的金字塔建筑质量明显下降，大部分都已经坍塌，成为一座土丘。近处是萨胡拉享庙的遗址。

的崇拜达到了顶峰。从第一任君主乌瑟尔卡夫到第七任君主门卡乌荷尔，每一位埃及国王都视修建巨型太阳神庙为己任。从第二位君主萨胡拉开始，作为国王陵墓的金字塔开始建在萨卡拉以北的阿布希尔，然而这些金字塔无论是在规模上还是在质量上与第四王朝的金字塔相比都有了明显的下降。这一时期，太阳神庙和死去国王的享庙需要越来越多的祭司来主持日常的供奉，这些祭司形成了单独的阶层，占有很多土地和资源。由王室成员担任高官的传统已经逐渐被废弃了。在私人陵墓中，"自传体"铭文开始流行起来，主要讲述墓主人的经历以及如何得到国王的赏识。官员们开始为自己修建陵墓。很多官员也不再追求将陵墓建造在金字塔附近，相反，很多人将陵墓建在自己就职的地方。在第五王朝末期，还增加了"上埃及总督"这一职位。在

## 第二章 诸神起源之地

宗教上的另一项重要变化是金字塔铭文的出现。第五王朝的最后一位统治者乌纳斯在萨卡拉修建了自己的金字塔，与以往不同的是，乌纳斯金字塔的墓室墙面上第一次写满了铭文，此后的国王也在金字塔内篆刻铭文，现代学者将其整理成集，是为《金字塔铭文》。《金字塔铭文》是现存古埃及最早的宗教文献，其核心是奥赛里斯信仰，即死去的国王与奥赛里斯以及太阳神合一，升入天界。很快，奥赛里斯信仰也逐渐在民间传播开来，奥赛里斯神成为了死者进入冥界并得到永生的必经之路。

第六王朝是国王权力开始逐渐衰落的时代。国王不再像从前那样对国家掌握绝对的控制权，相反，官员的权力越来越大，有一些地方的官员甚至不再由中央任命，而是由某些大家族垄断，变成了世袭的位子。同时，国王的形象日益理想化和象征化。在宗教上也出现了新的变化，埃及各地的地方神受到重视，对地方神祇的崇拜日益繁荣起来。第六王朝的君主们热衷于在全国各地建立地方神祇的神龛，这可能是为了笼络地方权力。第五王朝与第六王朝的统治者热衷贸易，与努比亚、利比亚和西亚地区的往来十分密切。外国的奢侈品，如象牙、乌木、香料及各种珍禽异兽都源源不断地输送到埃及。

培比二世是第六王朝倒数第二位君主，他幼年登基，统治长达90余年，

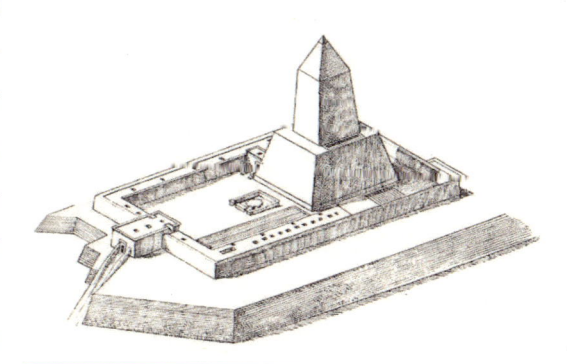

**阿布希尔太阳神庙示意图**
在神庙中间的石碑叫作奔奔石，象征着创世神话中的原始土丘。太阳神庙具有开阔的庭院，这是与后来神庙所不同的地方。

是古代埃及在位时间最长的君主。培比二世继续了其前任的对外政策，不断派遣远征军到周边地区寻找异国奢侈品。在他死后，古王国陷入了衰落，地方势力强大起来，中央政府无法再统帅帝国的疆域，王位继承也十分混乱，第七王朝与第八王朝只有不到半个世纪的时间，却经历了至少17位君主。

公元前22世纪中期，埃及陷入了军阀割据的局面，考古学家把从第九王朝至第十一王朝前期称为第一中间期，这是在前王朝时期埃及统一1000年后的第一次分裂。地方统治者开始建设自己的小朝廷，各个省都像独立王国一样，有自己的首领；而首领的位置则由当地的统治家族世袭。在开罗以南大约130千米的希拉克里奥玻利斯，当地的统治者自立为王，是为第九王朝与第十王朝。我们对这些地方君主所知甚少，其中大部分王名都来源于后世撰写的王表。在上埃及的底比斯，也有地方大家族自立为王，是为第十一王朝。此时的埃及由于缺乏中央政府管辖，地方艺术得以发展，使我们今天有机会看到具有地方特色的艺术风格。在宗教上，新的宗教文献《棺椁文书》出现了。《棺椁文书》的内容部分来源于《金字塔铭文》，但有了新的补充。这些铭文不再刻在金字塔的墓室里，而是抄写在棺椁上。从内容上讲，也与之前的《金字塔铭文》有所不同，《棺椁文书》更关注死者进入地下世界笃阿特之后如何使用咒语与奥赛里斯神相结合，从而得到永生。整理成集的《棺椁文书》有上千节。当然，这并不是说所有的文书都要写到棺材上面，这也是不可能的。之所以如此冗长，是因为各地所选择的文书并不相同，《棺椁文书》这一称谓是现代学者对所有章节的总称。从前只有国王可以使用的宗教文献已经不再是王家专有，随着中央政府的崩溃，原本为君主来世服务的宗教信仰流传到了民间，为人民大众所接受，并且发展出新的形式和内容。也有学者认为，这些文书其实是与《金字塔铭文》几乎同时产生的，是祭司在丧葬仪式上宣读或背诵的祷文,《金字塔铭文》率先被书写下来,随后《棺椁文书》也被抄写在棺材上。不仅如此,自传铭文也发生了变化,墓主人不再强调自己与国王的亲疏远近,而是着力渲染自己在职业生涯中所取得的成就。除了宗教文献上的变化,丧葬的形式也发生了一定的改变。在私人墓葬中,木乃伊面具和各种陪葬人偶流行起来。在社会经济层面,从出土文物来看,地方经济并没有因为国家的分裂而受到巨大影响,而呈现出繁荣的趋势。陶器的形制与古王国相比发生了较大变化。从涅伽达时期到古王国后期,陶罐一般呈细长卵形,肩部较高,而到了第一中间期,陶罐呈袋形或水滴形,底部变圆。这种新的形状可以节约制作时间,使陶器生产效率更高。

分裂的格局持续了一个多世纪,最终由位于南方的底比斯王朝最终完成了国家的统一。因提夫二世是第十一王朝的第三位君主,在位长达49年之久。因提夫二世统治期间,底比斯王朝势力强大,上埃及各个行省纷纷归顺。因提夫二世的统治为他的孙子门图荷太普最终统一埃及奠定了基础。门图荷太普在位长达半个世纪。在他统治的第14年,南方底比斯王朝的军队攻陷了希拉克里奥玻利斯,埃及成为统一的国家,进入了中王国时期。中王国吸取古王国衰落的教训,在官僚系统方面进行了一系列的革新。国王限制地方首领的权力,派遣官吏到地方上去监督各省首脑的活动,增设下埃及总督的职位,任命官员对东部沙漠和绿洲地区进行管理。此外,国王还派出远征军,重新取得对周边地区的控制,恢复贸易线路。在神庙与陵墓的建筑式样上,门图荷太普二世和他的儿子门图荷太普三世也都进行了革新,增加了台基、柱廊和神庙塔门等新的建筑元素。

在门图荷太普三世后继位的是门图荷太普四世。这位君主的出身并不十分清楚,他的母亲除了太后以外并没有别的头衔,既不是嫔妃也不是公主。门图荷太普四世的继任者是宰相阿蒙涅姆赫特一世。阿蒙涅姆赫特开启了第十二王朝——中王国的黄金时代。这位君主虽不是皇家出身，却是统治有方的强权人物。他在法尤姆绿洲附近建立了新的首都，命名为"阿蒙涅姆赫特-伊提-塔威"，意思就是"阿蒙涅姆赫特统一两地"。在对外政策方面，他采取了强硬措施，坚决取得对周边资源的控制权，向努比亚地区派出军队，建立殖民地，在第二瀑布区建造要塞。阿蒙涅姆赫特一世统治了近三十年，之后即位的是第四位君主哈亥培尔拉-森乌斯赖特二世。这位君主在其统治的十年内大举兴修水利，组织开垦法尤姆绿洲，修建运河，排干沼泽，显著的增加了埃及的耕地面积，极大地促进了国家经济的发展，同时，这位热衷于经济建设的君主对外采取怀柔政策，与地方首领建立良好的关系。第五位君主哈卡乌拉-森乌斯赖特三世进一步加强了中央对地方的控制，开展大规模军事行动，将埃及的边境进一步向南扩展，确保了埃及在北努比亚地区的利益。

总的来说，第十二王朝建设了完备的行政体系，政府与个人之间的关系加强了。政府运作建立在完备的税收体系之下，通过征税、开采矿产及对外贸易，政府获得了大量财富。徭役制度也建立起来，社会底层人民以及新兴起的中产阶层都有义务为政府提供服务。新的政府部门也建立起来，如"财政部"、"劳工部"、"宰相局"以及"上埃及与下埃及事务局"，等等，由各层级官僚进行管理。在王权方面，共治制度的引入使得君主的统治更为稳固。所谓共治，就是指太子在老国王还在世时，就登基为王，与老国王共同治理国家。这种制度避免了由王位继承而引起的争端，使国家政局更为稳定。在宗教方面，永生的观念也在民众中得到了普及。除了《棺椁文书》，还出现了新的宗教文献，如《双路之书》，讲述死者应如何通过两条路径到达笃阿特。工作陶俑——在古代埃及语中称为"刹布提"，意思为"答应"——也出现在私人墓葬中。这些小陶俑可以在冥界代替主人做任何工作，随时听候差遣。中王国时期还是古代埃及文学的黄金时代，出现了大量脍炙人口的作品，如《辛努海的故事》、《能言善辩的农夫》，以及《胡夫王与魔术师》等。此外，哲学作品也走进人们的视野，新的文学体裁智慧文学出现了。教谕就是智慧文学的一种，一般以父亲写给儿子或君主写给臣子的口吻，对人们的行为进行道德上的劝诫。这些教谕系统地阐述了古代埃及人的价值观和处世方法，表达了对世界和人生的深刻看法。

中王国的繁荣在阿蒙涅姆赫特三世在位时达到了顶峰。阿蒙涅姆赫特三世为埃及带来了长达半个世纪的和平与繁荣。第十二王朝的最后一位君主是索贝克奈弗茹女王。她可能是阿蒙涅姆赫特三世的女儿。在她之前，阿蒙涅姆赫特四世统治了大约10年。阿蒙涅姆赫特四世可能是阿蒙涅姆赫特三世的儿子，也可能是他的孙子，关于这位君主的记载很少。而女王统治了不到4年，女王死后，埃及政局陷入混乱。之后的第十三王朝经历了大约12位君主，延续一个多世纪。

第十三王朝基本延续了第十二王朝的政策，使用旧都城，与周边地区进行贸易。到了第七位君主哈赛亥姆拉-奈弗尔荷太普一世统治时，虽然埃及的大部分领土仍然

**索贝克奈弗茹女王**
这尊残缺的雕像是索贝克奈弗茹仅存的雕像，虽着男装，但雕塑师仍然展现了索贝克奈弗茹身为女性的优美线条，是古埃及艺术中难得的珍品。

处于中央政府的管辖之下，但尼罗河三角洲东部的一些城市，如阿瓦利斯和克索伊斯，已经开始独立了。

第十四王朝是在三角洲东部建立的国家，与第十三王朝或第十五王朝同时代，首都或在克索伊斯。在中王国中后期，许多亚洲移民开始进入三角洲东部，在那里定居生活。越来越多的外族人聚居在一起，逐渐形成了自己的王国，脱离了埃及政府的控制。这些人就是所谓的"喜克索斯人"。实际上，喜克索斯是古埃及语中"外族统治者"一词的希腊化发音。这些外族统治者很快强大起来，占领了包括古城曼菲斯在内的三角洲地区，并向北推进到阿拜多斯地区，是为第十五王朝。没有了中央政府的控制，南方地区的贵族也建立起小朝廷，其中大部分君主都以底比斯为中心进行统治，是为第十六王朝。由于曼菲斯的传统无法得到传承，地方上的书吏主要学习公文写作，并不熟悉如何撰写王室丧葬文书，因此导致丧葬文书形式发生了一定的改变。就这样，中王国在近四个世纪的统一与繁荣之后，又一次陷入了长达一个世纪的分裂。考古学家称这一时期为第二中间期。

第二中间期时，埃及的社会和文化发生了一系列改变。曼菲斯的沦陷对古埃及的艺术和文化发展产生了重大影响。曼菲斯及其附近地区一直是王宫与王陵所在地，大批为王室服务的工匠与书吏也生活在那里。曼菲斯的保护神普塔神是建造之神，也是工匠的保护神。工匠与书吏在曼菲斯接受正统教育，学习传统的古代埃及语及书写方法。然而，曼菲斯为外族统治者占领后，该地的书吏教育传统因此而中断了。内战切断了南北两地的联系，使得底比斯王朝的知识分子无法学习到曼菲斯地区的传统宗教文献，可能正是出于这个原因，他们收集了旧有的咒语，又添加了新的内容，来满足丧葬仪式的需要，这就是后来流行的《亡灵书》。第十六王朝延续了大约70年，北方的第十五王朝实力强大，甚至一度威胁到底比斯。大约在公元前1580年，底比斯的一个地方家族迅速崛起，建立了第十七王朝，收复了南方地区，与统治中部和北部埃及的第十五王朝分庭抗礼，埃及陷入了南北对峙的局面。大约在公元前1560年，赛肯恩拉-塔阿登上王位，开始了收复北方失地的战争。对赛肯恩拉-塔阿的木乃伊的研究显示，这位勇敢的君主很可能战死疆场，因为他的头骨上有好几处致命的伤痕，而这些伤口的尺寸刚好与喜克索斯人的斧头相符合。也有考古学家认为，赛肯恩拉-塔阿可能被敌人生擒，随后被处以极刑。

赛肯恩拉-塔阿与王后阿赫荷太普一世的儿子卡摩斯是第十七王朝的最后一位君主。卡摩斯大约统治了三至五年时间，其间，在母后阿赫荷太普的帮助下，这位年轻的君主继续与喜克索斯王朝作战，并且取得了巨大的成功，收复了埃及中部地区，将喜克索斯人的王国限制在了三角洲一带。

最终完成统一大业的是卡摩斯的胞弟阿赫摩斯。阿赫摩斯登基的时候只有十岁左右，在母后的辅佐之下，这位年轻的君主在经过近二十年的征战后终于将喜克索斯人赶出了埃及。与此同时，在阿赫摩斯与第十七王朝最后几任君主的努力下，努比亚的库什王国又重新臣服于埃及，成为埃及的黄金来源。埃及又在战火中重生，进入了新王国时期。新王国时期是古代埃及的帝国时代，埃及文明在这一时期走向了巅峰。

阿赫摩斯的儿子阿蒙荷太普一世继承王位后大约统治了20多年，在埃及开展了一系列建设活动，使饱经战乱的国家回复到正常的轨道。埃及的南部边境又扩展到了第二瀑布区，官僚体系也得到了进一步的发展。阿蒙荷太普一世在尼罗河西岸修建了自己的享殿，首次采取了陵墓与享殿相分离的形式。为了兴修陵墓，他和他的母亲阿赫摩丝-奈弗尔塔丽王太后建立了工匠村。此时，王室结构也发生了变化。从古王国开始，公主就常常嫁给自己同父异母的兄弟。到了第十七王朝

| 尼| 罗 | 河 | 的 | 赠 | 礼 |

末期至第十八王朝初,为了避免王位继承的纷争,公主只能嫁给国王或者太子,嫡长公主尤为重要,庶出的王子需要与嫡生公主结婚来获得合法的王位继承权。因此,这些位高权重的王室女性既是公主,又是王后,甚至可能成为太后。此时,底比斯地方的神祇阿蒙神成为了国家的主神,地位最高的王室妇女拥有"神之妻"的头衔,是阿蒙神的最高女祭司,拥有很大的政治经济权力。阿赫摩丝-奈弗尔塔丽王太后就一直保有这一头衔直至去世。

阿蒙荷太普死后,图特摩斯一世继承王位,统治了大约13年。图特摩斯一世在位期间奉行对外扩张的外交政策,发动了对努比亚库什王国的战争,埃及军队到达了第三瀑布区与第四瀑布区。同时,在西亚地区,这位能征善战的君主也积极扩张埃及的边境,与军事实力强大的米坦尼帝国交锋。此时的埃及刚刚引入新型武器——复合弓与战车,马匹也第一次出现在埃及的土地上。图特摩斯一世与王后阿赫摩丝生有两位王子和两位公主,然而两位嫡生王子和一位公主都年幼夭折,只有哈特谢普苏特公主长到成年,继承了阿赫摩丝-奈弗尔塔丽王太后"神之妻"的头衔,成为全国最有权势的女性。庶出的图特摩斯二世与姐姐哈特谢普苏特成婚,继承了王位。图特摩斯二世统治的时间很短,在他死后,年幼的王子图特摩斯三世登上王位,朝政却仍掌握在作为摄政王太后的哈特谢普苏特手中。图特摩斯三世是庶出的王子,哈特谢普苏特只生育了一个女儿,即奈弗

**哈特谢普苏特享庙的柱廊**

茹拉公主。我们不知道奈弗茹拉与图特摩斯三世是否结婚，就算他们结婚，奈弗茹拉公主很可能红颜薄命，在很年轻的时候就香消玉殒了。在图特摩斯三世统治的第七年，哈特谢普苏特登基称王，采用"上下埃及之王"的头衔。图特摩斯三世并没有退出了历史舞台，而是成为女王的共治君主。

哈特谢普苏特大约统治了22年。比起她的父王，哈特谢普苏特更关注国家内部的建设，在全国各地大兴土木。她在尼罗河西岸的代尔·埃尔—巴哈里为自己修建了美丽的享殿。享殿依山而建，由三层方形平台相叠而成，正面是整齐的柱廊，走过笔直的甬道，登上台阶就可以到达享殿内部。享殿内饰有精美的壁画和雕像。这座享殿可以说是新王国建筑的杰作之一，气势恢宏，庄严美丽。此外，她还扩建了卡尔纳克神庙，树立方尖碑，修建殿堂。在对外政策上，女王着手发展远程对外贸易。她组织了使团和商队前往蓬特（可能位于今天的也门至索马里一带），带回乳香、没药和象牙等埃及人非常喜爱的珍稀货物，使团甚至将热带树种带回埃及栽种。

女王死后，图特摩斯三世独自统治，开始了军事征服的道路。图特摩斯三世统治了54年，从第23年开始，在20年间，这位好战的君主发动了16次远征。在西亚，他渡过幼发拉底河，与米坦尼帝国作战，将叙利亚地区纳入了埃及的

哈特谢普苏特女王头像

图特摩斯三世塑像

| 尼 | 罗 | 河 | 的 | 赠 | 礼 |

**哈特谢普苏特享庙**

哈特谢普苏特享庙位于代尔·埃尔—巴哈里,在享庙背后就是新王国君主陵墓所在的国王谷。在哈特谢普苏特享庙旁边的是图特摩斯三世的享庙,后来毁于地震,如今只存有地基。在最远处是第十一王朝君主门图荷太普二世的享庙。

版图,当地城邦纷纷归顺。在努比亚,他将埃及的南部边界扩展到了第四瀑布区。

图特摩斯三世的儿子阿蒙荷太普二世不仅从他的父王手中继承了庞大的帝国,也继承了他的骁勇善战。在他统治的 27 年中,埃及国家富裕,军事强大,周边各地的财富源源不断运送到埃及;在法老的宫廷,完备的官僚体系让国家井井有条;文化也欣欣向荣,抄写中王国的文学作品,修建神庙与陵寝。与首都底比斯隔河相望的国王谷内,第十八王朝的法老开始修建新型的陵墓——岩刻墓。法老的墓室安置在山体的深处,通过幽长曲折的隧道与入口相连。

第二章 | 诸神起源之地

在阿蒙荷太普二世后即位的是图特摩斯四世。此时，埃及的王权与神权之间的关系开始发生微妙的变化。图特摩斯四世强调王室与神之间的直接关系。将他的母亲提升到"阿蒙神之妻"的位置，成为了女神的化身，王室妇女在宗教仪式上也发挥着越来越重要的作用。此时，在外交上，埃及与米坦尼的关系趋于缓和，图特摩斯四世还娶了一位米坦尼公主为妃。图特摩斯大约统治了九年，之后他的儿子阿蒙荷太普三世继承了王位，开始了长达39年的太平盛世，此时的埃及举国上下仓廪丰实，可谓富轹万古，多年来的战事也已经平息，贸易兴旺，万国来朝，三位来自西亚地区的公主都嫁入埃及，成为王妃。

然而，在社会经济的繁荣之下，精神领域却暗潮涌动，一场宗教上的暴风骤雨正在悄悄酝酿。阿蒙荷太普三世开始了一场将他自己和王后提伊"神化"的运动，将自己与太阳神等同起来。除了扩建底比斯的卡尔纳克阿蒙神庙，以及在全国各地修建神庙之外，还在尼罗河西岸的国王谷修建了自己的陵墓，并在河畔修建了占地面积达35万平方米的巨大享庙。享庙门前还伫立着两座高达18米的阿蒙荷太普三世石像。除了阿蒙荷太普三世本人数以百计的巨型雕像以外，在这座享庙内，还有成千上万尊巨型神像。有考古学家估计，仅赛赫麦特女神的坐像和站像就分别有365座。这些雕像常常又为后世的君主再次利用，搬运到埃及各地。

赛赫麦特女神雕像头部
赛赫麦特女神常常以狮子的形象出现，也是一位女战神，是国王的保护者。

阿蒙荷太普三世死后，他和

| 尼 | 罗 | 河 | 的 | 赠 | 礼 |

阿蒙荷太普三世雕像

提伊王后的儿子继承了王位,即阿蒙荷太普四世。在阿蒙荷太普四世在位期间,暴风雨终于来临了。在第十八王朝,本来只是底比斯地方神祇的阿蒙神,成为了国家的主神,君主在位期间,都要扩建阿蒙神庙,以求得神明的护佑,然而阿蒙荷太普四世却在埃及兴起了一场宗教改革运动,废止了对阿蒙神的崇拜,改为供奉太阳神阿吞,还把自己的名字改为阿赫恩阿吞,意为"阿吞之灵",并且在埃及中部的埃尔—阿玛尔纳修建了新的首都,命名为阿亥特恩阿吞,即"阿吞的地平线"。不仅如此,整个帝国的艺术风格也发生了很大的变化。阿赫恩阿吞统治了17年。他的驾崩也意味着阿吞信仰的终结。图坦卡蒙继承王位以后,阿蒙神的供奉得到了恢复。图坦卡蒙统治了大约11年,死时没有后代。宰相埃与图坦卡蒙的王后安亥斯恩阿蒙结婚,登上王位。然而埃即位时年事已高,四年后驾崩,也没有留下后代。将军荷尔姆赫布成为了君主。

荷尔姆赫布的统治年限目前还不是很清楚,可能是13年或27年,然而,即使只有13年的统治,也足以让荷尔姆赫布有时间来消除"异端法老"阿赫恩阿吞为国家带来的种种改变。不仅阿吞信仰被废止,阿亥特恩哈吞也被拆毁,阿赫恩阿吞的名字被抹去,雕像也尽数被毁,阿玛尔纳时代就此从历史上消失,逐渐被后人所遗忘。

荷尔姆赫布死后没有留下子嗣,于是他也将王位留给了他的宰相兼将军，是为拉美西斯一世，第十九王朝的第一位君主。拉美西斯家族来自尼罗河三角洲东部的阿瓦利斯，在第二中间期时，这里曾经是喜克索斯人的首都。当地的保护神是战神赛特，因此第十九王朝的法老们自诩为赛特神的后代。拉美西斯一世大约只在位一年的时间，之后即位的是赛提一世。在赛提一世统治的15年中，埃及又恢复了往日的繁荣，全国各地又开始大兴土木。在阿拜多斯，赛提一世为自己修建了大型神庙，在底比斯，他为卡尔纳克阿蒙神庙增建了高大雄伟的柱厅。赛提一世之后即位的是他的儿子拉美西斯二世。拉美西斯二世是古代埃及历史上最为著名的法老之一，在位长达66年。在这漫长的半个多世纪中，拉美西斯二世在埃及各地开展了空前规模的建设工程，在各地建神庙和巨像，将自己提升到神的地位。不仅如此，他还扩建了自己的故乡阿瓦利斯城，在那里修建宫殿，称为拉美西斯宫。拉美西斯二世还迁都三角洲东部，实际上是因为埃及需要对叙利亚地区加强控制。此时，位于安纳托利亚的赫梯帝国强盛起来，为了争夺对黎凡特地区的控制权而与埃及冲突不断。历史上著名的卡叠什之战就是在这一背景下发生的。赫梯与埃及势均力敌，公元前1258年，双方君主最终达成了共识，签订了和平条约，这就是人类历史上第一份平等的和平条约。条约一式两份，分别由赫梯人和埃及人保管。埃及的那一份刻在银板上，保存在底比斯的卡尔纳克阿蒙神庙中。

拉美西斯二世是仅次于培比二世在位时间最长的古埃及君主。他死后，美利恩

拉美西斯二世雕像

普塔即位，统治了大约十年。这十年间，埃及保持了和平与繁荣，然而在这之后，政局又陷入了动荡。第十九王朝的最后一位君主是塔乌斯莱特女王。女王之后即位的是赛特纳赫特，古代埃及历史进入了第二十王朝。第二十王朝从第二位君主到最后一位君主均以拉美西斯命名，即拉美西斯三世至拉美西斯十一世，然而这些君主再没有能够使埃及帝国重现拉美西斯二世时的荣耀。除了卡尔纳克的洪苏神庙，第二十王朝几乎没有进行大型工程建设。埃及的国际影响力也日益削弱，到了拉美西斯四世统治期间，埃及已经失去了对黎凡特地区的控制，对努比亚地区的影响力也大不如前。此外，从第十八王朝以来，阿蒙神庙的规模越来越大，祭司阶层也越来越壮大，神庙掌握着大量土地和财富，阿蒙神祭司的地位也越来越高，逐渐到了可以与君主分庭抗礼的地步，王权被极大地削弱了。随着王权的衰落，君权神授的观念也受到了冲击，君主不再是神在世间的代表，普通人可以直接与神进行沟通。不仅如此，拉美西斯三世的后代还展开了王位争夺战，王位的继承问题伴随着王室内部的权力斗争，以及阿蒙神庙祭司权力的扩大，无疑加速了埃及政局的动荡。这一时期，各种社会问题纷纷涌现出来，官员腐败，通货膨胀，盗贼横行，官匪勾结，政府却无力解决这些问题，埃及的财富正在日益枯竭。第二十王朝的最后一位统治者拉美西斯十一世在位期间，埃及就已经出现了再次分裂的端倪。上埃及地区的控制权实际已经掌握在阿蒙神大祭司的手中，居住在三角洲东部拉美西斯宫的国王已对此鞭长莫及。拉美西斯十一世驾崩以后，埃及陷入了实际上的分崩离析。

## 四、埃及的衰落与希腊化

长达四个世纪的第三中间期可以说是古代埃及历史上政治形势最为复杂的时期。第三中间期包括第二十一王朝至第二十五王朝。拉美西斯十一世驾崩以后,斯曼德斯在尼罗河三角洲东北部的塔尼斯建立起自己的统治,是为第二十一王朝。而在南部,以底比斯为中心,祭司阶层与掌握军事大权的将军相联合,控制着国家政权。有趣的是,北部的塔尼斯政权与南部的底比斯政权之间也并不是势不两立的敌对关系,而是有着千丝万缕的联系。塔尼斯也建立起阿蒙神庙,成为了阿蒙神在北方的崇拜中心。在第二十一王朝时,虽然国家表面上是统一的,但实际上却是南北分治。此时的埃及,与其说是由法老统治,不如说是由阿蒙神直接统治。势力强大的祭司阶层建立起神权政治,将阿蒙神置于君主的位置,而实权则掌握在若干大家族手中,这些大家族把持着高级祭司的职位与军事权力。可以说,此时古代埃及的政治结构与古、中、新三王国时期已经大不相同了,王权已经完全屈服于神权。走下神坛的埃及君主不再享受独一无二、高高在上的地位,也不再享有绝对的权威。这种政治上的变革不仅是国力衰微带来的君主对国家控制能力的减弱,也是宗教理念上的变化,人们对于神、君主和人之间关系的认识发生了变化。国王不再是宗教领袖与神的化身,个人也可以直接与神沟通,不需要通过君主作为途径。神的形象在新王国后期之前只出现在王室墓葬中,如今也可以出现在私人墓葬中,表明个人与神也有了直接沟通的可能。这样的转变,对整个埃及文明和埃及社会生活的影响都是深远的。

公元前10世纪中期,在塔尼斯西南的布巴斯提斯,一个来自利比亚沙漠的家族建立起自己的政权,是为第二十二王朝。第二十二王朝的第一位君主是舍尚克一世。在一个多世纪的神权统治之后,舍尚克一世决心恢复君主的权力,限制神权,同时采取强硬的对外政策。舍尚克将自己的儿子任命为底比斯阿蒙神庙的最高祭司,从而将独立的上埃及地区纳入中央政府的控制之下,同时通过王室成员与地方大家族的联姻来笼络地方势力。这位善战的君主还带兵进入黎凡特地区,恢复埃及在东地中海地区的影响力。在底比斯,舍尚克一世大兴土木,扩建了卡尔纳克阿蒙神庙。然而,第二十二王朝的统一并没有持续太久,地方分裂倾向也没有因为舍尚克一世所采取的种种措施而减少。地方官员的职位仍然是世袭的。公元前9世纪中期开始,国家又陷入了分裂状态,底比斯阿蒙神大祭司登基称王,三角洲各个地区的军阀也纷纷称王。到了公元前八世纪中期,希拉克里奥玻利斯,赫尔摩玻利斯等地都纷纷独立,建立起小朝廷,是为第二十三王朝。随后,在尼罗河三角洲西部的塞斯城也建立了小朝廷,是为第二十四王朝。

就在埃及政局纷乱复杂之时,埃及南部的努比亚库什王国悄悄强大起来。库什国王皮耶率领努比亚军队攻入埃及,夺取了埃及的大部分地区,各地的小王朝纷纷表示臣服。然而,皮耶凯旋回朝后,埃及回到了四分五裂的状态。皮耶的儿子再次出兵埃及,将埃及纳入库什王国的版图,是为第二十五王朝。第二十五王朝的努比亚君主们为了给自己的统治寻找合法性,将首都定在古城曼菲斯,接受了阿蒙神信仰,推行复古政策,在艺术上也模仿古代,使得埃及的文化艺术进入短暂的繁荣期。然而,国家表面上虽然得到了统一,地方势力实际上仍然各自为政,享有很大的自主权。

从新王国末期到第三中间期,埃及的社会经济生活也发生了深刻的变化。在经济上,由于对周边地区的控制力逐渐减弱,以及国内经济的衰退，埃及在财富方面面临着枯竭的窘境。昔日来自周边附属国家的朝贡已经不复存在，埃及人无法再从努比亚得到大量的黄金，也无法从黎凡特地区获得钱财。盗墓活动因此猖獗起来——不法分子打起了古代陵墓的主意，为了得到黄金和宝石，先辈的陵墓悉数遭到盗掘，很多甚至遭到了严重的破坏。到了后来，官方也利用古代墓葬来获得财富，从国王谷中第十八王朝和第十九王朝的墓葬中"回收"大量金银，将国王谷当成了巨大的金矿。第二十二王朝初期，底比斯的祭司们将新王国法老的木乃伊重新安置在代尔·埃尔—巴哈里附近的一座墓穴中，这个墓穴原本可能属于第二十一王朝大祭司帕涅杰姆二世，祭司们为先王们制作了新的木棺，秘密运送到这座陵墓中，再将入口封闭。当时的国王谷已经饱经洗劫，祭司们为了保存诸先王的遗体，才想出了这个办法。这些君主的遗体虽然得以保存，但原本随葬的珍宝和黄金棺椁早已不翼而飞。第十八王朝法老阿蒙荷太普二世的陵墓也成了"木乃伊储藏室"。第二十一王朝早期，图特摩斯四世、阿蒙荷太普三世、美利恩普塔以及第二十王朝的几位法老都被安置在阿蒙荷太普二世陵墓的一间墓室中。这些伟大的君主大概永远也不会想到，自己最后竟然不得不离开精心准备的陵墓，也失去了所有的随葬珍宝，还要跟"同僚"——其他时代的法老们——挤在一间小小的墓室里面。所幸他们的遗体都得到了保存，他们的名字也流传下来，3000年后的我们还能够知道他们的事迹，满足了他们想要流传千古的愿望。

由于这些原因，所以第十八王朝法老图坦卡蒙陵墓的发现成为轰动一时的新闻。图坦卡蒙的陵墓入口早在古代就由于地震的落石而封闭起来，再加上墓室内室很小，石门无法从外面推开，从而逃过了盗墓的劫难，数以千计的古代珍宝才能够重现在世人眼前。然而，人们不禁想象，少年夭折而仓促下葬的君主尚且拥有如此众多令人惊叹的

| 尼 | 罗 | 河 | 的 | 赠 | 礼 |

**图坦卡蒙金棺打开时的情景**
照片中，图坦卡蒙陵墓的发现者，英国考古学家霍德华·卡特正在助手的帮助下检查棺椁的情况。

珍宝，像拉美西斯二世这样的盛世之君又会有怎样奢华的陪葬呢？只可惜这些宝物早就在后世的纷乱中不知所踪了，只留给我们无限的遗憾和喟叹。

第三中间期时，古代埃及人在丧葬习俗方面也发生了重要转变。从古王国开始，王公贵族就开始建造玛斯塔巴墓。到了新王国，随着岩刻墓的流行，贵族官员也在底比斯墓地开凿大型岩刻墓，并在墓室墙壁上描绘精美的壁画。但是到了第三中间期，人们不再花费大量人力和财力来开凿墓室，不是借用古人的墓室，就是在神庙附近修建简单的墓坑来作为安息之地。家族陵墓也流行起来，同一家族的人往往葬在一处。然而，人们对棺椁和木乃伊制作的重视达到了空前的高度。这一现象产生的根本原因是人们对于死者"居所"（即陵墓）的重视转移到了死者本身；家居等生活用品也不再用作陪葬品，除了保护死者进入来世的《亡灵书》以外，新王国时期的王家专用丧葬经文也开始为普通人所使用。此时，人们普遍认为，只要尸身保存完好，就可以在经文的保护之下得到永生，而不需要坟墓作为死者的居所。这可能表明人们在来世观念上更关注自我向来世的过度，以及这一过度实现的过程——信仰变得更加个人化，向着更加内向化与神秘化的方向发展。

公元前7世纪起，努比亚王朝的统治逐渐衰落，位于西亚的亚述帝国强大起来，并侵入尼罗河三角洲地区。三角洲地区的小王朝纷纷在亚述势力的支持下反对南方的努比亚王朝统治。最终，亚述军队击败了在埃及的努比亚势力，第二十五王朝的最后一位君主塔努塔玛尼撤回了努比亚。而在从前的第二十四王朝的权力中心赛斯，普萨姆提克一世强大起来，最终将亚述人赶出了埃及，使得埃及的土地又一次统一起来，

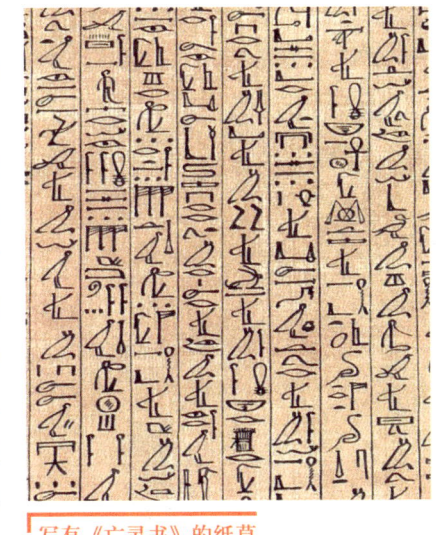

写有《亡灵书》的纸草

是为第二十六王朝，结束了第三中间期。第二十六王朝至第三十王朝成为后期埃及，埃及文明至此进入了尾声。

第二十六王朝采取积极的外交政策，维护了边境的稳定，在文化艺术上推行复古，使得雕塑与建筑艺术都得到了一定程度的复兴。第二位君主尼科二世也非常有作为，他在位期间开凿了连通尼罗河与红海的运河。据希罗多德记载，这位君主还派遣腓尼基船队，在人类历史上第一次完成了环绕非洲的航行。虽然这一记载未必是可信的，但可以看出在第二十六王朝时期，埃及经济繁荣起来，国力也增强了。然而，第二十六王朝的统治仅仅持续了一个多世纪就被突如其来的入侵者打断了。公元前525年，波斯国王冈比西斯的铁骑横扫西亚，也将埃及纳入了波斯帝国的版图。在随后的一个多世纪中，埃及成为了波斯帝国的行省，在埃及本土则称为第二十七王朝或波斯王朝。然而，波斯人的统治并未给埃及带来巨大的动荡，波斯国王在埃及努力扮演传统埃及君主的角色，埃及本土的神祇继续得到供奉，埃及的文化传统也

|尼|罗|河|的|赠|礼|

**菲莱岛的伊西丝神庙**

没有中断。

公元前 411 年,原第二十六王朝的后人阿靡尔塔奥斯起兵反抗波斯人的统治,并在公元前 404 年称王,是为第二十八王朝。然而,在公元前 399 年,阿靡尔塔奥斯又被奈弗里特斯一世打败。奈弗里特斯一世的权力中心在三角洲东部的曼德斯城,他就以曼德斯为首都建立了第二十九王朝。第二十九王朝只维持了短短 19 年。大约在公元前 380 年,奈克塔奈布一世取而代之,建立了第三十王朝。奈克塔奈布一世在位期间修建了很多大型的神庙,例如菲莱岛的伊西丝神庙。他还成功抵御了波斯人的再一次入侵,维护了埃及的独立。然而,埃及的独立并没有维持太久。公元前 342 年,奈克塔奈布二世在与波斯人的对决中失败,埃及又一次被波斯攻占,王朝时代就此画上了句号。

这一次波斯人的统治并没有持续很长时间。亚历山大大帝在马其顿崛起，而波斯人则在与希腊骑兵的对决中连连败退。公元前332年，亚历山大大帝兵不血刃地接管了埃及，在曼菲斯的普塔神庙中加冕，成为埃及的君主，从此，埃及历史进入了波澜壮阔的希腊化时代。

亚历山大大帝死后，他的将军们瓜分了帝国。将军托勒密占据埃及，建立了托勒密王朝，是为托勒密一世。托勒密王朝延续了近三个世纪，历经16位君主，除了克利奥帕特拉七世以外，均以托勒密命名。埃及得天独厚的地理位置和自然条件使其成为当时最富庶的王国。托勒密王朝的君主不仅引入了希腊文化，也积极吸收埃及本土文化，两种文化融会贯通，使埃及的文化艺术发展又迎来了新的繁荣时代。此时的埃及，已经成为希腊化世界的重要组成部分。亚历山大大帝在尼罗河三角洲的西北角建立了新的都城——亚历山大里亚，从此，托勒密王朝的君主都居住在此，这座新的希腊化城市成为了埃及的政治中心，也成了地中海地区最繁荣的国际化大都市。

托勒密一世在位40年，在经历了一系列的战争之后，成功地使埃及成为独立富强的王国。之后，托勒密一世之子托勒密二世继承王位，统治了39年。在托勒密二世统治期间，埃及的经济和文化都飞速发展，达到了前所未有的高度。在亚历山

**托勒密二世**
托勒密王朝的君主有希腊式的雕像，也有埃及式的雕像。希腊式的雕像主要出现在亚历山大里亚及其他希腊人口较多的城市，在埃及人口为主的城市，就使用埃及式雕像，以便能够更好地得到埃及民众的认可。

大里亚,托勒密王室修建了当时最大的图书馆,托勒密王室不惜重金购买和收藏各种书籍,不断充实亚历山大里亚图书馆的库藏。据称,托勒密二世希望图书馆能够拥有50万卷藏书。图书馆不仅收藏各国图书,还发挥着研究所的功能,来自地中海各国的学者都被托勒密王室请到图书馆工作,包括哲学家、诗人、科学家以及历史学家等,学者们可以在这里自由自在地进行研究。可以说,当时的亚历山大里亚图书馆是古代西方世界的最高学府,是知识与智慧的集大成之地。

随后即位的托勒密三世也很有成就。他的长姐嫁入赛琉古王室成为王后,在诞下继承人后遭到谋杀。为了给姐姐复仇,托勒密三世进攻赛琉古王国,夺下黎凡特地区的大片土地,托勒密王国的统治达到了顶峰。然而,从托勒密四世开始,王朝开始进入漫长的衰落期。公元前205年,埃及南部发生了起义,埃及人不满连年的征战,推举了自己的领袖,建立起独立王国,一度控制了全国大部分领土,直到公元前185年,这场起义才被镇压下去。托勒密王室内部也发生了政治危机。托勒密五世与托勒密六世登基时都还是幼童,权臣与太后之间争夺实际统治权,王室阴谋层出不穷,谋杀事件时有发生。

托勒密王朝最后一位统治者

**托勒密三世**
托勒密三世的这尊雕像完全是按照古代埃及的艺术法则雕刻的,与之前的埃及法老具有完全相同的服饰和姿态。

| 第二章 | 诸神起源之地 |

是著名的"埃及艳后"克利奥帕特拉七世。实际上,"埃及艳后"这一称谓起源于罗马人对克利奥帕特拉七世的丑化。实际上,这位女王非常有学问,是托勒密王朝唯一一位能够讲流利埃及语的君主。她还将自己塑造成为伊西丝女神的化身,以此来取得人民的支持。此时,罗马共和国日益强大起来,开始走向帝国扩张的道路。克利奥帕特拉七世与罗马结盟,利用恺撒的势力登上王位,在恺撒遇刺身亡后,又依靠恺撒的将军马克·安东尼。公元前 30 年,在与罗马帝国元首屋大维的

**克利奥帕特拉七世**
这尊雕像让克利奥帕特拉七世显得十分端庄,她梳着希腊妇女最常见的发型,表情严肃。

对决中,克利奥帕特拉七世与马克·安东尼战败自杀,托勒密王朝宣告结束。从此埃及并入罗马帝国,成为帝国的行省和粮仓。虽然罗马埃及的文化与经济仍然很繁荣,但古代埃及往日的辉煌再也无法重现了。

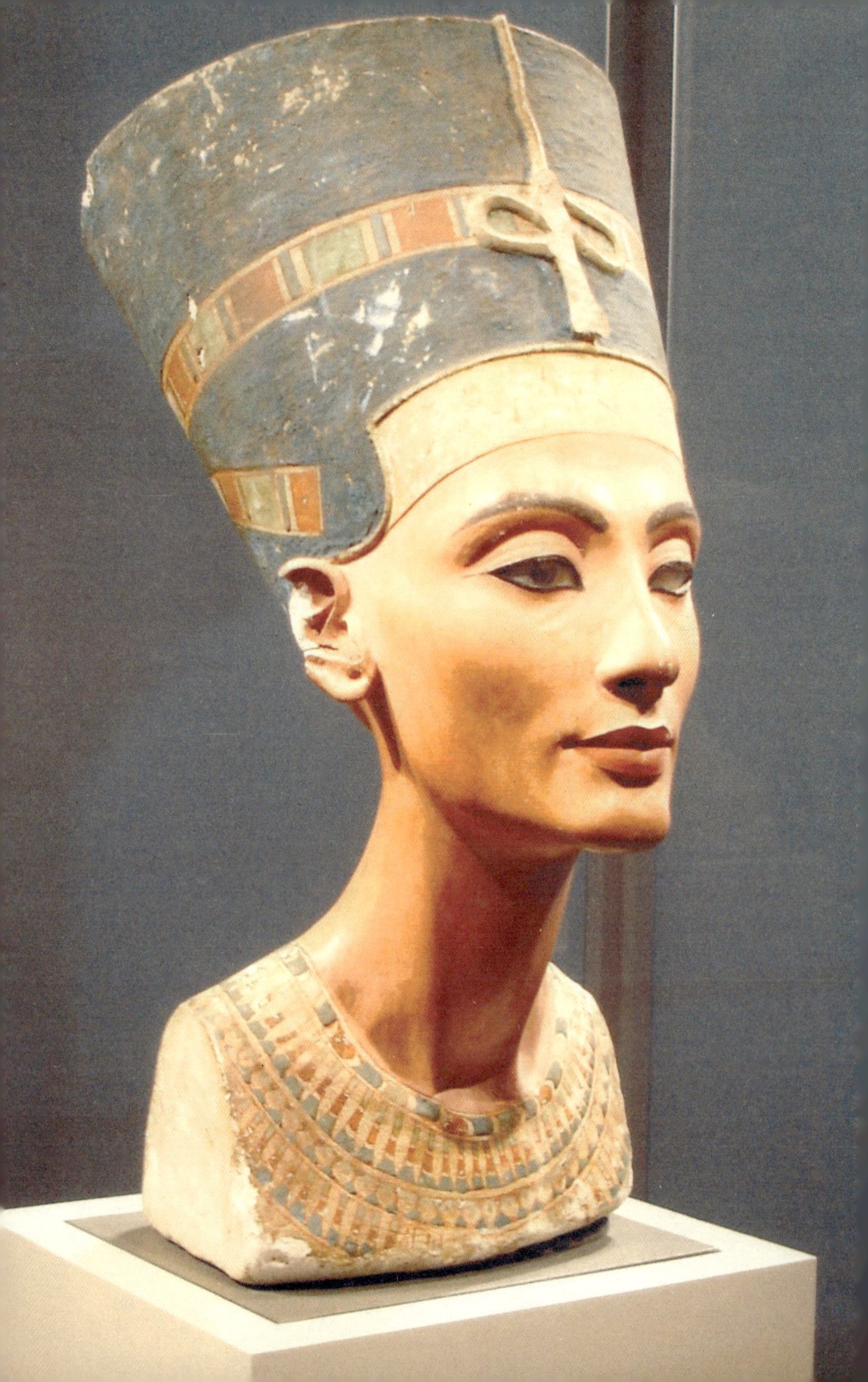

# 第三章

# 神的信仰与人世轮回

古代埃及文明信奉多神论，各路神仙有成百上千之多，有主宰宇宙万物的主神和国家的"大神"，也有民间信仰中保护人们日常生活的"小神"。神明也有"故乡"，每个城市都有自己的主神，比如工匠之神普塔的崇拜地就在曼菲斯，那里建有专门供奉普塔神的大神庙；布巴斯提斯的保护神是常常以猫的形象出现的巴丝特女神，该城的名字在古埃及语中的意思就是"巴丝特之居所"。在埃及的土地上，遍地都是神庙，到处都有神明的影子。正是在这片神奇的土地上，人类开始了对精神世界的最初探索，建立起最古老的信仰体系。

|尼|罗|河|的|赠|礼|

# 一、死者之城与复活信仰

阿拜多斯是上埃及的第八行省的首府。阿拜多斯在尼罗河西岸,据尼罗河大约 11 千米,在卢克索以北 160 千米。阿拜多斯遗址包括了面积约为 13 平方千米的沙漠地带。古代的城镇坐落在尼罗河泛滥平原的边缘地带。然而阿拜多斯并不是真正意义上的城市,确切地说,它是一座"死者之城"。走出绿色的泛滥平原,就是一片开阔的沙漠,也叫作低地沙漠,远处则是向南北延伸开来的荒丘,仿佛一道天然屏障,称为高地沙漠。在山丘之间,有一道幽深陡峭的峡谷,也就是在埃及很常见的旱谷,一直延伸到尼罗河泛滥平原。这条巨大的旱谷给远处怪石嶙峋的山丘开了一道豁口。如果说在古代埃及人眼中,沙漠就是死亡之地,那么这狭长的旱谷,大概就是通向死亡之地深处的入口了。

从涅伽达时期到希腊罗马时代,阿拜多斯在三千多年的岁月中一直是重要的宗教中心,各个时代都在这里留下了印记,历代君主在这里建造庞大的神庙,而普通人也希望能在这里留下一块小小的石碑。正因如此,阿拜多

**古王国国王门卡乌拉**
国王头戴白冠,在他的右边是女神哈托尔,左边是地方女神。在古代埃及雕塑作品中,最高大人物形象,或者在最前方的人物形象往往是最重要的,在这尊群雕中,显然门卡乌拉是最主要的人物,哈托尔女神是全国性的神祇,她的地位高于地方女神,因此她的左脚向前迈出一小步,显示她的位置更为靠前。

斯的古迹和古墓简直可以说是数不胜数。近处的低漠地带分布着许多古老的墓葬。前王朝和早王朝时期的君主也大多埋葬于此。

在旱谷以北有一片墓地，考古学家将其命名为北墓地。在北墓地中，有一座巨大的泥砖建筑，是第二王朝君主哈赛亥姆威修建的。这一建筑目前仅留下围

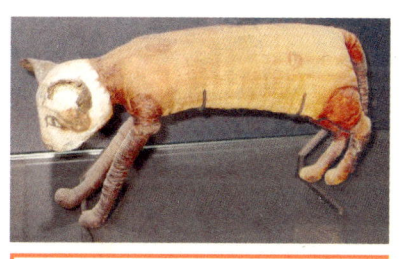

**猫木乃伊**
古代埃及人认为，动物木乃伊可以代表以同样形象出现的神，为神奉献动物木乃伊，是对神的一种崇拜方式。猫木乃伊是奉献给巴斯特女神的。

墙，围墙围起的区域呈长方形，长123米，宽64米，围墙本身的厚度约5米，高达20米，是世界上现存最古老、规模最大的泥砖建筑之一。围墙朝外的那一面并不是平的，而是呈凸凹相间的锯齿状。这种建筑式样是埃及早期宫殿和陵墓建筑所特有的。国王的名字写在代表宫殿外墙的方形框中，叫作"王名框"。在王名框的上面还有代表王权的老鹰。考古学家认为，这座围墙可能是哈赛亥姆威的享殿外墙。在哈赛亥姆威的时代，随着王权的巩固与社会生产力水平的进步，王室陵墓规模也越来越大，发展出了大型的享殿，哈赛亥姆威的泥砖围墙可能就是古代埃及最早的享殿之一，开后世的神庙和享殿建筑之先河。

在阿拜多斯中部，旱谷的另一侧也有一片墓地，当地人称这一地区叫作"乌姆—埃尔—喀阿伯"，在阿拉伯语中的意思是"陶罐之母"。原来，这一地区由于墓葬众多，以至于遍地都是古代陶片，就得到了这个名称。考古学家将乌姆—埃尔—喀阿伯分为两个主要的墓区，分别是U号墓地和B号墓地。U号墓地主要包括前王朝时期的墓葬。南侧的B号墓地年代稍晚，包括早王朝时期的王陵，墓葬规模更大。在B号墓地的南部，还有若干大型王陵，包括第一王朝的六位国

|尼|罗|河|的|赠|礼|

**阿拜多斯早期王陵**

王与一位王后,以及第二王朝的两位国王。

然而,在古代埃及,令阿拜多斯闻名遐迩的却不仅是这些古老的陵墓。阿拜多斯在古代埃及人心目中之所以至关重要,是因为这里是冥界之神奥赛里斯的崇拜中心。奥赛里斯对每一位埃及人而言都是最重要的神,因为他掌管着人们的来生,是地下世界的主宰。从第一中间期开始,古代埃及人就相信人死以后就会进入地下世界,在经过重重困难之后,就会来到奥赛里斯神的面前,接受良心的审判。只有通过了审判,才能获得复活和永生。因此,奥赛里斯神成为举国上下最重要的神祇之一。到了中王国,阿拜多斯的早期王陵被误认为是奥赛里斯的陵墓,越来越多的人来此献祭和朝拜,希望能够顺利通过死后的审判而获得永生。怀有同样希望的历代君王不仅在阿拜多斯修建奥赛里斯神庙，还为自己修建巨大的享殿和衣冠冢，希望同这位神祇一起接受供奉。

然而，奥赛里斯既然是神，又如何会死，如何会有陵墓呢？要解答这个疑问，我们还要回到第一章，接着创世神话往下讲。阿吐姆神生出了空气之神舒和他的妻子泰芙努特，这一对夫妻又生下了地神盖伯与天神努特，盖伯与努特则生下了奥赛里斯、赛特、伊西丝与奈芙提丝兄妹四人。到这里，创世已经完成，奥赛里斯成为世间第一位君主，统治埃及。但是，奥赛里斯的弟弟赛特对兄长心怀不满，于是想了计谋来谋杀他，篡夺他的王位。后来奥赛里斯与伊西丝的儿子荷鲁斯战胜了赛特，成为埃及之王，而奥赛里斯则进入冥界，成为冥界之主。

奥赛里斯神话是人类历史上起源最早、流传最久的神话故事之一。然而，我们至今也没有发现神话的一个完整版本，这一方面是因为几千年前的纸草文献很少能够完好无损地保存到今天，另一方面也是因为古埃及人相信文字具有魔法力量，认为凡写下来的事情，都会对现实造成影响，因而不会特别详细地描述赛特的谋杀过程与奥赛里斯的死亡。古罗马作家普卢塔克在《伊西丝与奥赛里斯》中倒是有详细的记述，但是我们不知道这其中有多少杜撰的成分，因为并没有古代埃及文献与之相印证。因此，现代学者只能将各个时期留下来的只字片语拼凑起来，试图还原故事的本来面目。

奥赛里斯的死亡与复活最早出现在《金字塔铭文》中。在《棺椁文书》第148节中也记述了奥赛里斯死后，伊西丝从死去的奥赛里斯那里受孕，并取得众神之父盖伯的保护，生下荷鲁斯，而荷鲁斯最终战胜赛特的事迹。然而，这段经文并没有提供任何奥赛里斯死亡以及荷鲁斯与赛特战争的细节，而是强调了荷鲁斯得到盖伯的认可与其继承王位的合法性。在卡罕金字塔城发现了一份纸草文献的残片，其中记述了荷鲁斯在伊西丝的帮助之下与奥赛里斯进行斗争的细节,但是纸草文献过于残破,使得我们无法知道更详细的内容。

故事的梗概是这样的:众神开天辟地之后,将埃及交给奥赛里斯统治,但是奥赛里斯的兄弟赛特很嫉妒,于是设计杀死了奥赛里斯。有的说法是奥赛里斯在尼罗河中溺死,也有的说法是赛特变成了河马或者鳄鱼,杀死了奥赛里斯,还有一种说法是,赛特为了彻底杀死奥赛里斯,将其分成42块,丢在了全国的42个行省。奥赛里斯的妻子伊西丝与妹妹奈芙提丝变成鸢的样子,飞往全国各地,寻找奥赛里斯的尸体,她们悲伤的眼泪就变成了尼罗河的洪水。最后伊西丝终于找到了尸体,在图特神与阿努比斯神的帮助下,将丈夫的尸身组合起来。图特是古代埃及书写与知识之神,相传文字就是图特神创造的,所有的魔法与咒语也都由图特神掌握。阿努比斯神则掌管木乃伊的制作和丧葬事宜,是墓地的守护神。奥赛里斯的尸体被制作成了木乃伊,这就是古代埃及木乃伊制作的神话来源。伊西丝从变成木乃伊的奥赛里斯那里受孕,而死去的奥赛里斯则成为了冥界之神。

伊西丝怀孕以后,为了躲避赛特而隐藏在尼罗河三角洲的纸莎草丛中,在那里生下荷鲁斯,并将他哺育长大。荷鲁斯在埃及的艺术中通常是人身鹰头的形象,在象形文字符号中往往以鹰来代表。幼年的荷鲁斯需要母亲的保护,伊西丝总是需要用自己的咒语救出危难之中的荷鲁斯。正因如此,

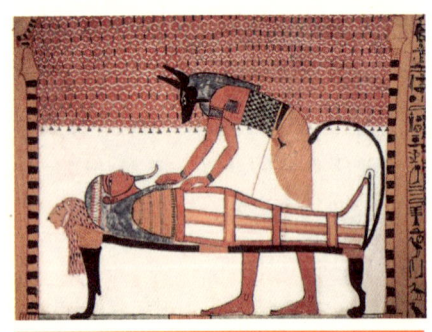

| 阿努比斯正在照料木乃伊
木乃伊的胡子向前弯曲,这是神的标志。每个死者都需要经过一个转化成奥赛里斯的过程才能实现在来世的复活。因此,不管是王公贵族还是普通百姓,只要能有足够的财力,就一定会将木乃伊制作成奥赛里斯的样子。

伊西丝是母亲和婴孩的保护神，具有治愈力量。伊西丝哺育荷鲁斯是古代埃及艺术常见的主题。

荷鲁斯长大成人以后，就找到赛特，想要为自己的父亲奥赛里斯复仇。荷鲁斯与赛特发生了争斗，有的文献记载，他们变成河马相互厮杀，也有的文献有不同的记载，比如荷鲁斯依靠魔法和咒语取得了赛特的力量。总之，荷鲁斯与赛特之间的争斗持续了相当长的一段时间。众神之父盖伯是这场争斗的裁决者。最终，在众神的调停之下，荷鲁斯与赛特停止了征战，荷鲁斯继承了王位，成为上下埃及之王。这个神话的结局在各个时期的文献中也有不同的记载。在比较早期的文献中，赛特虽然谋杀了奥赛里斯，僭越了王位，但是并没有受到严厉的处罚。有一种说法是，众神让荷鲁斯掌管尼罗河谷和三角洲的肥沃土地，而赛特则掌管沙漠。另有说法是，赛特掌管上埃及，荷鲁斯掌管下埃及，而最终荷鲁斯统一了全国。还有一种说法是，荷鲁斯成为埃及的王，而赛特则升到天上，随着太阳神拉的太阳船航行。在早期的神学体系中，古代埃及人认为赛特所代表的无序和混乱状态也是自然界的一部分，混乱的存在也是合情合理的，因此，神话本身并没有道德含义，自然也不会给赛特严厉的"惩罚"，反而强调宇宙秩序又回到了正轨。荷鲁斯继承王位，赛特也回到原本的位置上，二者各司其职，这本身就是秩序战胜混乱的最好表达。但是，在后期的版本中，有的文献称赛特被彻底打败，或者被荷鲁斯毁灭。一方面，后期的神话被更多赋予了道德色彩，另一方面这也反映出古代埃及世界观的变化——从偏重二元统一到偏重二元对立的转变。

奥赛里斯神话在古代埃及具有十分重要的意义，其产生的确切时间已经无从知晓，有的学者推测，可能早在涅伽达时期，其基本雏形就已经形成。奥赛里斯神是古埃及王权的基础，涉及王权形成与王权继承合法性问题。奥赛里斯神话强调了王权的神性，也就是国王本身的神性——作为国王的奥赛里斯本身就是神，是直接由创世之神生出的。众神的裁决则强调了王位传承的神性——荷鲁斯克服了混乱状态，重新恢复了秩序，而死去的国王得到永生。奥赛里斯—荷鲁斯神话为王权这一概念赋予了动态的特质。每一位在位的君主，都是荷鲁斯，而死去的国王则是奥赛里斯。当现任君主死去之时，他的继承人又成为荷鲁斯，而他则成为死去的奥赛里斯。而赛特则代表着国王驾崩时所带来的无秩序状态。因此，国王的驾崩不仅仅具有政治上的意义，会引起政治上的动荡，也具有神学上的意义。具有神性的君主不仅掌管着埃及的政务，也掌管着宇宙的秩序：君主的驾崩是宇宙秩序的崩溃，由此带来的是不可知的无序状态，因此是无比恐怖的；新君主的即位则代表新秩序战胜了混乱状态，是宇宙秩序的再次确立。在古代埃及君主的五个头衔中，荷鲁斯名即王位名是最早出现的。前王朝与早王朝时期的君主都将名字写在王名框中，而在王名框上则刻画荷鲁斯之鹰的形象。所谓王名框，代表的是宫殿正门，而荷鲁斯之鹰落于宫殿之上，代表着王权。

然而，赛特也曾出现在王名框之上。赛特神在古代埃及艺术中通常以一种特

**国王斯奈弗如的石碑**
在石碑中央的方形框代表宫殿正门，过往的名字和头衔都写在里面。在更早期，只有国王的名字写在王名框中。在王名框上站立的就是代表王权的荷鲁斯之鹰。整个图形的含义就是王权落在宫殿之上，而宫殿中所居住的就是现任君主。古埃及人认为，现任君主会随着时代的变化而变化，但王权是永恒的。

别的动物形象出现，这种动物相貌奇特，身形像豺狼，但是口鼻部狭长并向下弯曲，好像驴子，耳朵竖直向上成长方形，尾巴末梢分成两叉，像一把叉子。这显然是一种人们想象中的动物，在现实世界并不存在，考古学家只好称其为赛特兽。在第二王朝的倒数第二位君主佩尔伊布森的王名框上，本应属于荷鲁斯之鹰的位置，却由赛特兽取而代之，而佩尔伊布森的继任者哈赛亥姆威则将荷鲁斯之鹰与赛特兽都写在了王名框之上。学者认为，很可能在佩尔伊布森统治时期，国家内部出现了动乱，佩尔伊布森实际上只能控制上埃及地区，由于赛特代表上埃及，因此他的王位名只与赛特相联系，而他的后继者哈赛亥姆威平息了动乱，将上下埃及统一在一起，因此将荷鲁斯与赛特同时写在了王名框上。还有一种理论认为，赛特是涅伽达地方的神祇，而荷鲁斯则是希拉康玻利斯的保护神。在早期的国家统一过程中，希拉康玻利斯与涅伽达作为主要的权力中心可能有过激烈的竞争。最终，希拉康玻利斯可能取得了领导地位，因此荷鲁斯神成为了王权的象征，涅伽达的势力也并未完全消失，而是与希拉康玻利斯达成了某种妥协。佩尔伊布森很可能是来自涅伽达家族的统治者，因此将赛特与其王名联在一起。他的后继者哈赛亥姆威则平衡了两方面的势力，因为哈赛亥姆威这个名字本身的意思就是"两位有大权者之显现"。因此，赛特兽的出现，以及君主王位名的含义很可能暗示了早期各大家族之间的政治斗争。这就是说，荷鲁斯与赛特征战

赛特与荷鲁斯为国王加冕

的神话很可能反映了早期王权斗争的真实情况。到了第十九王朝以后,赛特与奥赛里斯一起成为了法老的守护神。

就神学范畴而言,奥赛里斯神话是秩序与混乱相互对立与相互转化过程的具体化描述。荷鲁斯与赛特的形象代表着秩序与混乱。在奥赛里斯的神话中,奥赛里斯虽然死后复活,成为冥界的君主,但只有他的儿子荷鲁斯战胜了赛特,为父亲举行了庄严的葬仪并且对其加以供奉之后,奥赛里斯才能真正完成复活。这就是说,奥赛里斯的复活本身与王位的顺利传承是密切相关的,复活本身是与代表秩序的荷鲁斯战胜代表混乱的赛特互为表里的。因此,奥赛里斯神话又是古代埃及人对尼罗河洪水周而复始、岸边生命周而复始、人的生死以及王位更迭等诸多现象在神学与哲学层面的解释,这个解释本身就代表了宇宙的秩序的建立与维护。在墓室壁画中,奥赛里斯的脸和身体常常被涂成绿色,因为绿色是生命的象征。在有些壁画中,躺在棺塌上的木乃伊身上还会长出青草,在墓室中也会放置一些种子,这是因为奥赛里斯也是生命力的象征,就像每年都会从泥土中发芽的青草一样,代表了宇宙中生命与秩序的建立。总之,奥赛里斯神话是将王权与宇宙秩序统一起来,将王权与神学体系联系起来,只有理解了这个神话的深刻含义,才

**死者向奥赛里斯献祭**

能真正理解古代埃及文明的精神内涵。

奥赛里斯神话是古代埃及神话中最奥秘的部分,在奥赛里斯的崇拜中心阿拜多斯,古代埃及祭司会举行仪式,将神话的情节重现,这就是奥赛里斯的神秘仪式。因为古代埃及人相信文字是具有魔力的,因此没有任何文献记载了这个奥秘仪式的细节。所幸,在大英博物馆有一块石碑,上面记载了这一神秘仪式的基本流程。石碑的主人名叫伊亥尔奈弗尔特,是中王国国王森乌斯赖特三世的朝臣。他自幼生长在宫廷,是国王的"养子"和"伙伴",可以说是深受信任的朝臣。国王委派他到阿拜多斯来修建奥赛里斯的神龛与神像,并主持奥赛里斯的神秘仪式。从石碑铭文中,我们知道奥赛里斯的神秘仪式主要分为四部分,首先是威普瓦乌特在前面开路。威普瓦乌特是一位以豺狼形象出现的战神,也是带领人的灵魂走到冥界的向导,他的名字本身的意思就是"开路者"。接下来就是奥赛里斯神龛的大游行。这一过程是再现奥赛里斯出殡的过程,制作精美的船形神龛载着黄金神像离开阿拜多斯的奥赛里斯神庙,来到奥赛里斯的"陵墓"(实际上应该是早期君主的陵墓)。接下来,就是要重演荷鲁斯与赛特的战争,伊亥尔奈弗尔特似乎要扮演荷鲁斯的角色,打败奥赛里斯的敌人。这其中可能还有很多仪式,包括宰牲献祭等。其中的细节部分,石碑铭文并没有说明。最后的步骤是奥赛里斯的神龛回到神庙,象征着奥赛里斯战胜了死亡,得以复活。在铭文中,国王称奥赛里斯为"我的父亲",说明现任国王与奥赛里斯在神学意义上是父与子的关系。古代埃及人非常相信仪式的作用,通过把某些场景重现,就可以对现实产生效果,不断强化仪式中所发生的事情。也就是说,通过奥赛里斯神秘仪式的不断重复,就加强化了秩序战胜混乱,生命战胜死亡的事实,也强调了现任国王作为奥赛里斯之子荷鲁斯继承王位的合法性。

奥赛里斯的复活是生战胜死,是强大生命力的表现。死去的国王成为奥赛里斯，而新王成为荷鲁斯，死去的国王得到复活。古代埃及人将死去的国王与奥赛里斯等同起来，死去的国王也就具有了复活的力量，因此，从早王朝时期到古王国，王室与朝臣的陵墓都建在国王陵墓的附近，希望借国王即奥赛里斯的力量进入来世。

在第五王朝末期，国王乌纳斯首次在金字塔内部墓室中刻上了铭文，《金字塔铭文》主要讲述死去的国王如何与奥赛里斯和太阳神合一，升入来世。此后古王国的君主都将《金字塔铭文》刻在墓室中，以求能够顺利进入永生。

到了第一中间期，国家分崩离析，原先属于统治阶层的宗教文献也流入了民间。到了第一中间末期至中王国初期，人们将经文和咒

第五王朝国王乌纳斯金字塔内部的铭文

| 第三章 | 神的信仰与人世轮回 |

**奥赛里斯的审判**
画面最左边带领着死者进入审判大厅的就是阿努比斯，他也负责将死者的心脏放在天平上称量，玛阿特女神就坐在天平上，朱鹭鸟头的图特神在一旁记录审判的过程和结果，奥赛里斯端坐在神龛中的宝座上，将死者引荐给奥赛里斯的是荷鲁斯，女神伊西丝与奈芙提丝侍立在奥赛里斯身后，而在他宝座之前的莲花上站立的是荷鲁斯的四个儿子。在画面上方端坐一排的是以太阳神拉为首的各位神祇组成的陪审团。

语写在棺材上，因此考古学家将这些经文称为《棺椁文书》。《棺椁文书》收录了部分《金字塔铭文》的内容，又增加了许多新的内容。《棺椁文书》的出现可能反映了当时宗教思想的变化。在《棺椁文书》中，人们死后要进入奥赛里斯掌管的地下世界，而通向冥界的道路则是充满危险的，只有依靠《棺椁文书》中的经文和咒语，人们才能渡过难关；同时，死去的人还需要来到奥赛里斯面前，根据他生前的行为，奥赛里斯会对每个人作出审判，行为不端的人将面临"第二次死亡"，也就是永远的死亡。

到了第二中间期后期，棺椁的式样开始发生变化，中王国时期的长方形棺椁演变成装饰精美的人形木棺或石棺，经文已经不再适宜书写在棺椁上了。这个时候，写在纸草上并配有精美插图的丧葬经文和咒语出现了，这就是《亡灵书》。

所谓《亡灵书》，其实并不是一本书，而是一系列单独的经文和

|尼|罗|河|的|赠|礼|

*《亡灵书》中死者夫妇通过冥界之门时使用的咒语*

咒语的合集,古埃及人将这些经文收集在一起,叫作《白日前行书》,《亡灵书》只是现代学者给这份经文集所起的名字。《亡灵书》上的经文和咒语都是关于死者如何进入冥界,如何对付死亡之国的各种危险生物,如何通过看门人的把守,以及如何来到奥赛里斯面前通过审判的。死者的亡灵要在奥赛里斯面前陈述长篇辩解词,即否定自己生前曾经做过任何错事,包括不曾偷盗,不曾伤害他人,甚至不曾使过眼色,等等。《亡灵书》的所有精美的插图中,以奥赛里斯的审判最为核心。审判是通过给死者的良心称重来进行的。画面的中心一般是一座天平,天平的一边是死者的心脏,另一边的砝码则是代表真理的女神玛阿特,或者是代表玛阿特的鸵鸟羽毛。如果在称重过程中天平不能保持平衡,就说明这个死者生前的行为不符合玛阿特,他的心就会被怪兽一口吞掉,永远无法得到永生。为了确保审判的公正性,还有42位神祇作为陪审团成员莅临审判现场。由于心脏是在死者的审判过程的关键之物,所以古代埃及人在制作木乃伊时,虽然要将内脏取出单独保存,却无论如何也要将心脏留在身体中,还会制作圣甲虫护身符来保护心脏,让心脏在审判的过程中不要说出对主人不利的话。

除了上述经文以外,古代埃及人也使用其他的经文,例如《双路之书》。《双路之书》其实也可以算是《棺椁文书》的一种,主要出现在第十一王朝和第十二王朝,书写在贵族的棺椁底部,除了经文和咒语以外，还绘有冥界的地图，用来指导人们顺利经过通往冥界的道路。人类想要到达奥赛里斯的身旁要经过一段充满危险的行程，通往冥界有两条道路，一条是陆地上的道路，一条是水中的道路，但是，这并不意味着死者可以选择其中一条，而是两条都要走过才能到达冥界，正因如此，现代学者才给这篇经文起了这样的名字。在去往冥界的途中，死者要经过七道大门，每一道都有三个看门人，亡灵必须知道相应的经文和咒语才能过关，途中还要经过火焰与迷宫的考验。与《双路之书》相似的是《笃阿特书》。笃阿特是古代埃及人对冥界或地下世界的称呼。与《亡灵书》不同的是，在第二十一王朝之前，《笃阿特书》是为君主所专用的，写在国王谷法老陵墓中的墓室墙壁上。根据《笃阿特书》，死去的国王要与太阳结合在一起，才能进入冥界旅行。在古代埃及人心中，太阳每天早上升起，进入天空，晚上则落下，进入冥界，即笃阿特，死去的国王也要与太阳相结合，开始冥界之旅。《笃阿特书》记述了太阳夜晚十二个小时中在冥界的遭遇。太阳神站在一条巨蛇的背上，在之字形的道路上蜿蜒前行。首先，太阳需要进入阴阳两个世界的边界地带，这个地方充满了水，被称为"奥赛里斯之水"，在第四个小时，太阳到达了一片沙洲，称为"赛克尔的沙丘"。赛克尔也是一位古老的神祇，通常以鹰头人形木乃伊身的形象出现。在第五个小时，太阳进入奥赛里斯的坟墓，坟墓在一片隐秘的火湖之中。在第六个小时，太阳神与奥赛里斯相结合，由此获得新生。第七小时，太阳神降服阿派普，即邪恶之神，又称为"拉神的敌人"，通常以巨蛇的形象出现。第八小时，新生的太阳神离开坟墓，又进入到现世与冥界的边境上，太阳船驶过"奥赛里斯之水"，来到阿亥特（即地平线），重新从东方升起，这才开始了新的一天。

无论是太阳每天的升起，还是老国王的驾崩与新王的即位，以及人的死后重生，都是以来自奥赛里斯的重生能力为核心的。到了中王国以后，个人的重生尤其与奥赛里斯密切相关。奥赛里斯的名字被放在死者的名字之前，例如，某个叫作卡摩斯的人死后，就要在他的名字前面加上奥赛里斯，变成奥赛里斯卡摩斯，意思是死者进入了冥界，与奥赛里斯相结合，成为奥赛里斯。实际上，每一个死去的人在经过奥赛里斯的审判而复活后，都是以奥赛里斯的形式存在的，或者说，他们的灵魂与奥赛里斯相结合，包含在奥赛里斯的神性之中。因此，故去的家人具有神的特性，能够保护还活在人世的亲属，古代埃及人常常写信给死去的人，希望能够得到死者灵魂的保佑或者期望死者能够满足他们的愿望，同时，死者也能够得到祭品，对死者的供奉可以由死者的亲属或者委托人一直延续下去。恰当的葬仪与供奉本身也是死者能够顺利进入永生的保证。

正因为奥赛里斯在生与死的大事上如此重要，对奥赛里斯的崇拜也十分兴盛。在阿拜多斯，历代君主都为奥赛里斯修建雄伟的神庙。最早的奥赛里斯神庙在早王朝时期就出现了。到了第六王朝，培比一世重修了早先的奥赛里斯神庙，扩大了神庙的规模。到了中王国，神庙又几经扩建和重修，规模扩大了三倍以上。

在新王国时期，赛提一世在阿拜多斯修建了更大型的神庙，这就是后来的赛提一世神庙。这座神庙是用来供奉奥赛里斯与前代君主的。在神庙墙壁上，刻有著名的阿拜多斯王表。所谓王表，就是古代埃及人记录下来的先代君主的名字。神庙中还建有供奉各个主要神祇的神龛，伊西丝、荷鲁斯和普塔等主要神祇都有自己的神龛。在

阿拜多斯赛提一世神庙

神庙后方，还有一座地下神殿，考古学家将其称为奥赛里斯宫。奥赛里斯宫是模仿古代陵墓修建的衣冠冢，在神殿的大厅内有一座石台，四周被水环绕，使得这座石台好像一座岛屿。考古学家认为，这可能是模仿创世之初的场景。奥赛里斯宫还有一道长走廊与外界相通，走廊内的墙壁上书写了丧葬经文。

在赛特一世神庙的旁边还伫立着拉美西斯二世的神庙。这一座神庙的规模稍小，外墙饰有表现卡叠什之战场景的浮雕，以向奥赛里斯神显示法老的英勇与维持宇宙秩序的能力。第十八王朝君主阿赫摩斯一世还在阿拜多斯建造了一座金字塔。

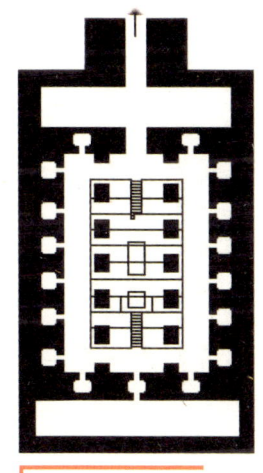

**奥赛里斯宫平面图**

除了历代君主，个人只要经济能力许可也可以在阿拜多斯建造属于自己的小礼拜堂或石碑。从中王国起，在阿拜多斯的山丘上就出现了很多私人小神龛，这些小神龛都面对着奥赛里斯秘密仪式所经过的路径。古代埃及人认为，如果能够参与到奥赛里斯的仪式中，那么就等于与奥赛里斯神结合到了一起，这些小神龛就是起到了这样的作用。建造者将自己的姓名和雕像放置在神龛内，再将神龛建在奥赛里斯必经的路边，也就能够与神一起得到永生了。奥赛里斯信仰真正成为了大众的信仰，因为无论神龛多么袖珍，雕像多么寒酸，石碑多么简陋，哪怕是一块小木牌，只要能够放置在奥赛里斯经过的路上，死后永生就有了保证。这就是说，复活的信仰是属于社会上所有阶层的，是真正的大众信仰。

## 二 底比斯与阿蒙信仰

|尼|罗|河|的|赠|礼|

　　底比斯在开罗以南大约600千米，也就是今日埃及的卢克索市。在埃及语中，这座城市被称为瓦塞特，意思是"统治权"。在新王国，这座城市还被称为"阿蒙神之城"或"南方的赫利奥玻利斯"，这是因为北方的赫利奥玻利斯是太阳神的崇拜中心，而底比斯的主神阿蒙-拉也是太阳神。在新王国时期，底比斯是国家的首都，在长达五个多世纪的漫长岁月中，这座古老的城市见证了古代埃及帝国的繁荣与昌盛。底比斯曾是古代世界最雄伟的城市之一，其庄严富丽，简直达到了登峰造极的程度。尼罗河水将这座城市分成两半。在尼罗河东岸，坐落着举世闻名的卡尔纳克阿蒙-拉神庙。卢克索神庙位于卡尔纳克神庙以南大约2千米处，规模虽不及卡尔纳克神庙，却是举行欧彼德节祭祀仪式的重要场所。在河对岸，穿过尼罗河泛滥区的大片麦田，就可以到达沙漠地带，这里是底比斯城的陵墓区。法老们的享殿依山而建，殿堂庙宇错落有致，包括哈特谢普苏特享庙、阿蒙荷太普三世享庙、拉美西斯二世享庙等。这些高大宏伟的享庙在山脚下一字排开，洁白的石灰石在非洲炙热的阳光下闪闪发光，与河对岸的阿蒙神庙交相呼应，国王陵墓就修建在背后的山谷深处，也就是现在我们所说的国王谷与王后谷。到处都是壮丽的塔门，雄伟的神像，高耸入云的方尖碑，宽阔笔直的大路，狮身人面像两两相对，整齐地排布在路边，底比斯城就仿佛神国的都城，置身其中，人类唯有感慨自身的渺小，仿佛连时间都静止了。即使到了古代埃及走向衰落的第三中间期，卡尔纳克神庙的扩建也没有停止，甚至到了希腊化时期，托勒密王朝的君主们仍旧为神庙修建新的礼拜堂，增添新的装饰，

直至4世纪罗马皇帝君士坦丁迁都和基督教时代来临,经历了近20个世纪的繁荣之后,卡尔纳克神庙才最终走向衰亡。

阿蒙原本是底比斯地方的神祇。新王国的君主是来自底比斯的贵族家庭,他们建立了自己的王朝以后,就定都在此,阿蒙神也因此提升到了国家主神的地位。在从第十八王朝到希腊化时期的漫长岁月里,阿蒙神一直是古代埃及国家的主神,统领着埃及人的精神世界。阿蒙神的历史可以追溯到古王国时代。在《金字塔铭文》中,阿蒙是赫尔默玻利斯神学体系中创世最初的八神之一。阿蒙这个名字的含义是"隐秘",象征着创世之前世界的不可知性,正是这种隐秘的特性使得阿蒙神是独立于创世过程的,也就是说,他的存在具有永恒性,并不是被其他神所创造的。而他独特的性质又使他成为不能被看到,也不能被感知到的一位神。不仅人类,甚至其他的神祇也不能了解阿蒙的性质。拉美西斯二世时期的一份纸草经文详细阐述了以阿蒙神为中心的底比斯神学:"阿蒙比天空更远,比笃阿特更深,没有神知晓他的真面,也无法对他加以证明。"阿蒙游离于宇宙之外,因此,宇宙是阿蒙神创造的,其他一切的创造之神都是阿蒙的化身。经文中说道:"万神归于三,阿蒙,太阳与普塔,独一无二;其本质隐藏于阿蒙,其表象是太阳神,其实体是普塔。"与其说阿蒙、太阳神与普塔是三位神,不如说是一位神的三个方面。因此,可以说,古代埃及宗教中的阿蒙信仰反

头戴双羽冠的阿蒙-拉

映了由多神崇拜向抽象的一神崇拜的转变,古代埃及祭司已经开始探求各种神学现象背后的抽象本质,试图用单一的超自然力量来建立起统一的神学体系。

阿蒙神的抽象性使其可以与其他神祇相结合,或者说,其他所有的神祇,都是阿蒙神性的一个方面,是阿蒙神力量的显现。例如,在新王国,阿蒙神与太阳神拉相结合,成为阿蒙-拉。阿蒙本身是隐藏的不可见的,而太阳神则是可以被感知的,通过与太阳神相结合,人们才能感觉到阿蒙神的存在。同样,阿蒙还与代表繁殖力的敏神相结合,成为敏-阿蒙。阿蒙-拉被称为"众神之王",象征着王权,成为新王国君主的保护神。

在艺术作品中,阿蒙通常以人形出现,头戴来自敏神的双羽冠,在壁画中,阿蒙神的皮肤通常是蓝色的,象征着青金石。带着卷曲长角的山羊也是阿蒙神的象征。阿蒙的配偶是穆特女神,在底比斯阿蒙神庙的南边就是穆特神庙。穆特是一位头戴红白双冠与秃鹫头冠的女神。穆特的代表是秃鹫,在古代埃及象形文字中,表示穆特女神的符号就是一只秃鹫,而同样的符号也用来表示母亲。因为阿蒙常常与拉神相结合,他的配偶穆特就常常与哈托尔、伊西丝、巴丝特以及赛赫麦特等女神相结合。除此之外,穆

**奈弗尔塔丽**
头戴秃鹫冠与双羽冠的奈弗尔塔丽是拉美西斯二世最心爱的王后,她的墓室壁画保存非常完好。虽然墓室壁画中的人物形象并不是肖像画,但是我们仍然能够感受到这位王后的端庄和美丽。

特女神还是王后的保护神，新王国的王后常常头戴穆特女神的秃鹫冠。穆特女神的神庙就在卡尔纳克神庙以南大约200米处。阿蒙与穆特还有一个儿子，就是洪苏。洪苏是月亮神，代表着世间的更新与繁育，同时也是治愈之神，在艺术中，有时候以人身鹰头的形象出现，头上还带有月亮圆盘，有时则以孩童或孩童木乃伊的形式出现，留着埃及儿童的典型发型——将大部分头发剃光，只在左侧留下一缕，编成辫子，手中持有代表君主权力的链枷与权杖。新王国法老拉美西斯三世在卡尔纳克阿蒙神庙附近建造了洪苏神庙。

　　阿蒙、穆特与洪苏是底比斯的神圣家庭。每当欧彼德节到来之时，底比斯三神——阿蒙、穆特与洪苏的神像就会到尼罗河西岸各个君主的享庙中拜访。自新王国以来，每年泛滥季开始的时候，底比斯就要举行热闹非凡的欧彼德节。届时，居于神庙深处的阿蒙神像会乘坐船形神龛出游，无论王室贵族还是平民百姓，都可以参加节日庆祝，分享神的荣耀，神庙还会施舍大量食物给百姓。据相关文献记载，阿蒙神庙施舍的面包可达1.1万余条，啤酒近400罐。在节日期间，阿蒙神像被移出中心神殿的神龛，与穆特和洪苏的神像一起乘船渡过尼罗河来到西岸，祭司抬着神龛依次来到赛提一世、哈特谢普苏特、图特摩斯三世、拉美西斯二世、拉美西斯三世与阿蒙荷太普三世等君主的享庙，返程时渡过尼罗河来到卢克索神庙接受供奉与祭祀，普通民众在节日里也可以向神像敬拜，并请求神谕。神龛、国王、贵族、祭司、乐师与舞者组成了庞大的行进队伍，整个底比斯的民众都会跟随着神的脚步参与到游行队伍中，整个庆祝活动长达一个月。欧彼德节象征着重生，象征着神重新创造了世界，万物都得到了新生命和新的能量，君主也重新加冕，重新获得阿蒙神所赋予的权力。在卢克索神庙的墙壁上，刻有欧彼德节阿蒙神龛出游的浮雕，因此我们也能够有幸一睹当年节日的盛况。

|尼|罗|河|的|赠|礼|

神庙可以说是埃及文化的浓缩体现。埃及人是天生的石匠,神庙也通常是由巨大的石块按照固定的格局建造而成,这是因为神庙是要持续到永恒的建筑,只有用石头建造才不会坍塌腐坏。对于古代埃及人而言,神庙也是微缩的宇宙,埃及人的宇宙观与神学观都体现在神庙的建筑和布局上。

中王国以后,神庙的格局逐渐固定下来。长方形的神庙一般呈东西走向,这是因为太阳东升西落,神庙的中轴线就位于太阳的运动轨迹上。当然,也有的神庙因为地形等原因朝向别的方向。神庙的正中央最核心的部分是一间极为幽暗的内殿,连阳光也无法照射进来。神龛就在殿堂中心,里面放置着神像。神像一般都是由纯金或纯银打造而成,上面镶嵌着各种宝石,神像的眼睛是用来自阿富汗地区的青金

**神庙柱头**
左边的柱头采用了纸莎草花朵的式样,右边的柱头采用了盛开的莲花式样。

石制作，在幽暗的神殿内可以发出美丽的光芒。内殿象征着创世之初的原始土丘——世界上第一次出现的土地。在内殿之外，往往还建有巨大的柱厅，高大的石柱或者做成纸莎草茎秆的式样，或者做成莲花的式样，这些石柱象征着创世之后的土地上，植物开始生长。石柱支撑着天花板，象征着最古老的天空。最为精巧的设计是，柱头并不直接与天花板相连，而是在柱头上方设计小于柱头的方形突起来支撑天花板，这样，从底下看上去，天花板仿佛浮在头上，并没有与柱子相连。神庙墙壁的最高处开有狭长的窗子，阳光透过这些小窗从高处照射到神庙内部，仿佛创世之后的第一缕阳光，将黑暗照亮，使世间万物开始生命的循环。柱子和墙壁上都刻满精美的彩色浮雕，光影效果会使得这些浮雕活灵活现，具有立体感，更加烘托了神庙内部幽暗、静谧而又无比神圣的氛围。

大型神庙的外围还会增建很多附属的小礼拜堂，有一些是用于供奉除了主神之外的其他附属神祇，有的是为了在神像出行时落脚之用。古代埃及的神像是不能暴露在光天化日之下的，神像出游要放置在特别的船形神龛中，由祭司们抬在肩上行进。除此之外，神殿周围还有大量的房屋和储藏室，以便祭司办公、居住，放置神庙财产。规模较大的神庙一般都有附属的圣湖，为日常的仪式提供水源。整个神庙建筑群由一道道围墙包围起来，形成若干层院落。神庙院落的大门称为塔门，塔门是埃及神庙所特有的建筑形式，它的形状好似汉字"凹"。实际上，塔门象征着地平线。埃及东部和西部都是沙漠和戈壁，戈壁上连绵的荒山常常被旱谷切断，形成陡直的豁口，太阳东升西落时经过旱谷形成的山口，给古代埃及人留下了深刻的印象。因此地平线阿亥特一词的象形文字符号就是天边的山口，神庙的塔门也是模拟山口的形状，太阳每天东升西落时就会经过神庙的塔门，好像从地平线上升起一般，使得神庙作为微缩宇宙的功能更为真切，同时也充分体现了神庙神圣性。一座神庙会有不止一座塔门,因为每一任君主都会扩建神庙,在神庙的外围再增建新的一层院落和塔门。在埃及人的心目中,神庙就是神在人间居住的宫殿,卡尔纳克大神庙就是阿蒙-拉的居所,祭司则是神的仆从,照应着神的饮食起居,即在神庙中每日都要进行种种烦琐的仪式。底比斯是阿蒙神的故乡,因此卡尔纳克大神庙便成为阿蒙-拉在世间最主要的居所。

卡尔纳克大神庙的历史可以追溯到中王国时期。中王国的君主也是发迹于底比斯地区的,阿蒙神的信仰也就得到了重视,在卡尔纳克一带开始出现神庙与神龛。到了新王国时,底比斯达到了空前的规模,每一代君主都努力为卡尔纳克大神庙添砖加瓦,使得神庙的规模越来越大。西方有一句谚语说"罗马不是一天建成的",这句话对卡尔纳克神庙也同样适用。阿蒙神庙的建造和修建,从中王国开始一直延续到希腊化时期,跨越了近20个世纪。

最初的神庙是中王国第十二王朝君主森乌斯赖特一世修建的。当时的神庙中间是中央大殿,大殿门前建有柱廊,柱廊与第一层院门之间就是内廷,在内廷之外还有两重庭院,神庙的大门朝向西边,正对着尼罗河岸。塔门这一建筑形式在当时还没有发展起来。在大殿内建有多间内室,其中之一放置着阿蒙-拉的祭坛。祭坛是由洁白的埃及雪花石膏制作而成。在祭坛上就是阿蒙-拉的神龛,神像就安置在神龛之中。为了庆祝赛德节,森乌斯赖特一世还在神殿附近修建了一座小礼拜堂。到了新王国时期,这座小礼拜堂被拆除,原来的材料也用于填充新建的塔门。所幸考古学家发现了这些中王国时期的石料,将其恢复成原来的样子。现在,这座小礼拜堂就坐落在卡尔纳克露天博物馆,因为它的颜色洁白,端庄美丽,人们就叫它白堂。

到了第十八王朝,底比斯成为帝国的都城,卡尔纳克神庙自然也受到更多的重视。阿蒙荷太普一世在神庙内廷的南北两侧各增加了一排房间，作为小礼拜堂和储藏间，并在内廷中修建了新的神殿。原来内廷的院墙是泥砖垒起来的，阿蒙荷太普一世将其拆除，改建为带有柱廊的石灰石高墙，并与环绕大殿建造的石灰石外墙相连。神庙最外层的大门也改建成为塔门的式样。在大门之外，一对雪花石膏建造的小礼拜堂分列左右。这样，整个神庙建筑群显得更有气势，洁白的石灰石与雪花石膏也让神庙显得分外美丽。

图特摩斯一世即位后拆除了阿蒙荷太普一世修建的大门，改为更为气派的塔门，并用石墙把整个内廷围了起来，这座塔门就是后来考古学家所命名的第五塔门。在第五塔门之外，图特摩斯一世又下令修建了更为高大的第四塔门，并在门外竖立起一对红色花岗岩方尖碑。同时，这位君主还在两层塔门之间的院落修建了新的大厅，为自己树立了一排奥赛里斯神形象的雕像。

图特摩斯二世在位时，第四塔门之外又多了新的一重院落和塔门，院落被命名为节日大厅。随后，哈特谢普苏特女王重修了图特摩斯一世修建的第四与第五塔门之间的大厅，用纸莎草茎形状的镏金木柱取代了旧石柱，并沿着南北院墙增加了部分木质天花板，在第四与第五塔门之间形成了一间带有天井的大厅。由于纸莎草型的柱子在古代埃及语中叫作瓦杰，这座大厅因此得名瓦杰特。此外，哈特谢普苏特女王还在大厅天井中树立起两座方尖碑，在第四塔门以外的庭院里又树立起两座高达28米的方尖碑，此外，还在神庙的另一端树立起一对方尖碑。在中心神殿的柱廊以外，女王拆除了阿蒙荷太普一世的小礼拜堂和门廊，修建了一座新的殿堂，称为玛阿特宫，而在玛阿特宫前，女王用粉色石英岩与黑色花岗岩修建了一座小礼拜堂。这座小礼拜堂在女王死后就被图特摩斯三世拆除了，石料用于建造别的建筑物。所幸，考古学家发现了这些石块，并将其复原。现在，这座美丽的小礼拜堂就坐落在卡尔纳克神庙露天博物馆，考古学家称其为红色

| 尼 | 罗 | 河 | 的 | 赠 | 礼 |

哈特谢普苏特红色礼拜堂

礼拜堂。它颜色艳丽，庄重大方，内墙上还饰有精美的浮雕，是古代埃及不可多得的建筑艺术精品。哈特谢普苏特时期，卡尔纳克神庙建筑群有了新的发展方向，开始向南延伸，形成了新的南北中轴线。这一方面是由于卡尔纳克神庙的大门是朝向尼罗河的，大门距离河岸的距离是有限的，已经没有足够的发展空间；另一方面是由于哈特谢普苏特可能已经开始在卡尔纳克神庙南边建造新的卢克索神庙，南北轴线可以将两座神庙连接起来。女王在神庙南侧较远处建造了一座新的塔门，考古学家将其命名为第八塔门。

图特摩斯三世的漫长统治给卡尔纳克神庙建筑群带来了新的变化，神庙的规模进一步扩大。首先，图特摩斯三世在中心神殿之后又修建了一座新的殿堂，称为阿赫美努，意思是辉煌殿堂，是为了庆祝国王的赛德节而修建的。大殿由巨大的圆柱形石柱支撑，殿堂内装饰着精美的彩色浮雕，天花板漆成深蓝色，上面画满了金色的星星。在一间内室的墙壁上还装饰有图特摩斯三世远征西亚时所见到的奇花异草和珍稀鸟类，颇具异国风情。环绕着阿赫美努殿与原来的中心神殿，图特摩斯三世又修建了新的院墙，将整个神殿建筑围起来，在第五塔门之内玛阿特宫之前的位置，又加上了第六塔门，此外，图特摩斯三世还在第八塔门之内修建了第七塔门，并用院墙将第八塔门与第七塔门连接起来，形成了新的庭院，同时，这座庭院也由院墙与节日大厅连接起来，这样，卡尔纳克神庙从原来的长方形演变为现在的 L 形，在南边又多了两重院落。在新院落的西侧，也就是中心神殿的南侧，图特摩斯三世修建了巨大的圣湖。在第四塔门之内，图特摩斯三世也树立了一对方尖碑。

阿蒙荷太普三世在位期间又对卡尔纳克神庙进行了新的改建。第四塔门之外原本建有的节日大厅和图特摩斯二世修建的塔门都被拆除了，接着，在第四塔门之外，原来节日大厅中间的位置，修建了新的塔门，即第三塔门。在第八塔门之外比较远的位置，又开始修建第十塔门，然而直到阿蒙荷太普三世驾崩，这座塔门也没有修完。阿蒙荷太普三世在第十塔门之南 200 米处开始修建穆特神庙，修建第十塔门的意思大概是想将卡尔纳克神庙与穆特神庙连接在一起。与此同时，在卡尔纳克神庙以南大约 2 千米的位置上，阿蒙荷太普三世又在哈特谢普苏特的基础上修建了卢克索神庙。卢克索神庙也是供奉阿蒙神的神庙，是与卡尔纳克神庙相对应的配庙，在阿蒙神盛大的节日欧彼德节中发挥着阿蒙神离宫的作用。

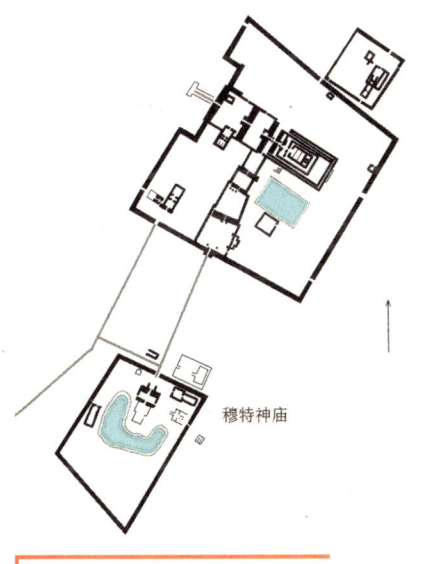

到了阿蒙荷太普四世即阿赫恩阿吞统治期间，这位"异端"法老在神庙的东侧修建了阿吞神庙，到了荷尔姆赫布统治时期，阿吞神庙被全部拆除。荷尔姆赫布重新修建了阿蒙荷太普三世时开始修建的第

十塔门，又在第十塔门与第八塔门之间修建了第九塔门。在第三塔门的西边，第二塔门也修建起来，作为新的神庙大门。

到了第十九王朝，赛提一世与拉美西斯二世在第三与第二塔门之间建造了大柱厅。大厅中央部分的天花板较高，由12根高约21米的巨型石柱支撑，周围的天花板较低，由122根高约12米的石柱支撑。较高的石柱都是模仿着纸莎草植株的

卡尔纳克神庙大柱厅

形状建造的，而较低的石柱则模仿纸莎草的花蕾。到了拉美西斯二世时期，整个大厅就已经装修完毕，墙上与石柱上都刻有精美的彩色浮雕，大厅庄严肃穆，气势恢宏，可以说是整个卡尔纳克神庙建筑群中最为精美的部分。

在第二十王朝初期，法老拉美西斯三世又在神庙的西南侧修建了一座小神庙，用以供奉阿蒙与穆特的儿子洪苏。到了第二十一王朝，神庙第二门之前的甬道两侧又增添了成对的狮身羊头像。第二十二王朝君主舍尚克一世在第二塔门之前修建了一座庭院。第三十王朝君主奈克塔奈布一世为神庙建筑群修建了围墙，高度超过20米，在神庙东西中轴线的最西方，开始修建与围墙相连的第一塔门，也就是神庙面对着尼罗河的西大门。第一塔门是古代埃及历史上最大的塔门，

宽度超过 110 米，厚度超过 15 米，高度在 30 米左右。遗憾的是，这座塔门一直没有完工，如果完工的话，高度可以达到 40 米。

卡尔纳克神庙是世界上古代国家最大的神庙，即

卡尔纳克神庙大柱厅复原图

使在今天的地图上，我们仍然能够感受到卡尔纳克神庙遗址的巨大规模。随着埃及文明的衰落，卡尔纳克神庙在经历了近两千年的繁荣之后，逐渐沦为废墟，只有残留的石柱与塔门还在诉说着关于阿蒙神信仰的古老故事。

## 三 阿玛尔纳与太阳神

太阳神崇拜在古代埃及可以说是由来久矣。早在古王国时期，太阳神就已经成为埃及的国家主神，从第五王朝开始，统治者就开始修建大型神庙用来供奉太阳神。到了新王国时期，太阳神拉通过与阿蒙神结合成为阿蒙–拉，有着"众神之王"的称号，依然在神坛上占据统治地位。然而，就在第十八王朝中期，古代埃及的宗教领域发生了翻天覆地的变化，有一位法老废弃了阿蒙神，转向崇拜一位新的太阳神——阿吞。

阿蒙荷太普四世是第十八王朝的第十位君主，是阿蒙荷太普三世与王后提伊的儿子。埃及的国力在阿蒙荷太普三世在位时达到了鼎盛时期，国家非常富裕。阿蒙荷太普四世起初并不是太子，因为他还有一位名叫图特摩斯的兄长。然而，图特摩斯少年夭亡，阿蒙荷太普四世就成为了王位继承人。在即位以后，阿蒙荷塔普四世开展了一场深刻的"宗教改革"运动，使埃及社会在政治、宗教与艺术等各个方面都发生了重大改变。由于这一时期埃及的都城从底比斯迁到了现在中部埃及的埃尔—阿玛尔纳地区，这一时期又称为阿玛尔纳时代，新兴的艺术风格也被称为阿玛尔纳风格。

在卡尔纳克神庙，阿蒙荷太普四世建造了新的神殿。这座神殿可能位于卡尔纳克神庙的东侧，面朝东方，是献给阿吞的。阿吞在埃及语中的意思是日轮。阿吞并不是阿蒙荷太普四世新创造出来的神。早在中王国时期，"阿吞"一词就出现在文献中了，只不过那时候阿吞仅指日盘，即死去的君主会升入天空与日轮合一。在阿蒙荷太普三世在位期间，阿吞被当成是单独的神祇加以供奉，而阿蒙荷太普四世则将阿吞抬高到了独一无二的神的位置。在卡尔纳克，考古学家发现了阿蒙荷太普四世与王后奈弗尔提提的浮雕和巨型雕像。国王、王后及其他人物形象都一改以往的端庄正统，变成了长脸、长颈、细腰、大腹、宽臀的模样，显得十分怪异。在这以前，王后的形象是不会单独出现在神庙中的，更不会以打击敌人的姿态出现，然而奈弗尔提提则单独出现在某些浮雕上，主持只有国王才能主持的仪式。很多以往不会出现在神庙墙壁上的场景，如日常工作的场景，也出现在阿蒙荷太普四世的阿吞神殿中。阿吞并不像以往的神祇那样有自己的形象，而是以放射出光线的日轮的形象出现在画面正上方；高高在上的日轮放射出万道光芒，每一道光芒都有伸出的小手，触摸着并排站立的国王与王后，并将手中代表生命的安柯送到他们的鼻孔边。

在卡尔纳克神庙阿吞神殿修建的同时，在阿玛尔纳地区，另一项大型工程也在如火如荼地进行着。阿玛尔纳位于尼罗河东岸，开罗以南300千米处，距卢克索大约400千米。阿蒙荷太普四世选中这里来建立新的都城，一方面是因为这里有一大块平坦的处女地，与任何神祇或过去的传统都毫无联系；另一方面是因为这里的地理条件非常优越，尼罗河在这里稍有转弯，环绕着城市，大片田地可以为城市提供足够的粮食，而东边的旱谷在山峦上形成了一道缺口，刚好与古代埃及文字中表示地平线的符号相一致。这座新的都城就是阿亥特阿吞，意思是阿吞的地平线。在阿蒙荷太普四世即位的第五年，新都建成，王

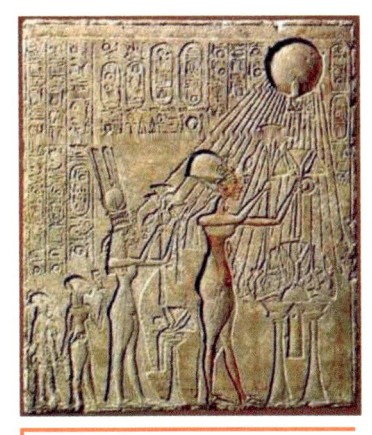

阿赫恩阿吞与奈弗尔提提敬拜阿吞

室与政府都搬到了新的都城,国王将自己的名字改为阿赫恩阿吞,意思是阿吞之灵。

阿亥特阿吞可不是一座小城,那里有庞大的神庙与宫殿建筑群,其建筑速度之快,堪称古代建筑史上的奇迹。然而,新的神殿和新的都城是如何在这么短的时间内就建好的呢?原来,阿赫恩阿吞改革了传统的建造方法,将石砖的体积大大减小,这样无论是开凿搬运还是建筑都更为便捷。以往建造神庙的石砖都十分巨大,需要很多人力才能搬动。在阿玛尔纳时期,石砖体积缩小到大约54厘米×27厘米×27厘米,这样一个人就可以搬得动一块石砖,从而极大地节约了建筑时间。

考古学家在阿玛尔纳周边的山脚下发现了一系列界碑,目前已发现的数目就达到13块之多,这些界碑是在建城之初确定城市边界的。这些界碑的排列也有宗教上的含义,考古学家发现,河两岸的界碑连接起来,其延长线都汇聚于东边的山口,也就是太阳升起的地方。可见,这座城市无论是选址还是建造都经过了精心的设计,处处能够体现出阿赫恩阿吞的新宗教理念。阿玛尔纳没有城墙,城市由北向南在尼罗河岸沿着一条皇家大道呈一字形排列。在城市的北部、南部和中部都有宫殿建筑,王室就居于这些宫殿之中。在北城区,主要有两座宫殿,最北边的宫殿离河畔较近,通常被称为河畔宫,在河畔宫的南侧还有另一座巨大的宫殿,称为北宫。从河畔宫出来,沿着皇家大道向南,经过北宫就可以到达中心城区。在中心城区建有两座阿吞神庙。大神庙建在中心城区的北部,在皇家大道的东侧。大神庙的南侧是另一座宫殿,叫作国王宫,虽然王室平时并不居住在此,但这里是接待使节和举行各种仪式的场所。在国王宫的对面是大王宫,两座宫殿由皇家大道相隔。在皇家大道上,还有一座天桥连接着这两座宫殿,这可能是为了方便王室成员可以在两座宫殿中自由进出而修建的。这两座宫殿都装饰着美丽的壁画,很多壁画的内容都是王室成员日常生活

**国王宫壁画，阿赫恩阿吞的两个女儿**

的场景。在国王宫的南侧，也就是城市的中心地带，距离大神庙仅500米，建有另外一座阿吞神庙，这座神庙的规模较小，可能是首先建造的神庙，或是为了方便阿赫恩阿吞和王室成员每日举行宗教仪式而建造的。

大神庙是阿亥特阿吞最大的建筑。整座神庙建筑群呈东西走向，建在四方围墙之内，东西长大约800米，南北宽大约300米。西边的大门开在皇家大道上。在大神庙的遗址上，现存两座石质建筑，即位于前方的长庙与位于后方的圣坛。一进神庙的西大门，左右两旁各有一座小礼拜堂。这两座小礼拜堂是为阿赫恩阿吞的王妃岂娅而建造的，在岂娅死后又传给了长公主美丽特阿吞。在西大门之后就是长庙的塔门。穿过塔门，就进入长庙的前厅，这一区域叫作庆祝大厅，甬道两旁是高大的柱廊，在柱廊中建有供奉石桌，上面刻有国王与王后向阿吞神敬拜的场景。再穿过下一道塔门，又进入了一重院落。这重院落内的甬道两边整齐排列着供奉石桌。根据考古学家实地发掘的结果，算上最西边的大门，长庙共有七座塔门，将整座庙宇分为七重庭院。在神庙的最深处是阿吞的主祭坛，主祭坛两旁有小礼拜堂。其余的庭院内也有一些储藏间，用于放置贡品。在第四重院落内，甬道两旁的柱厅可能盖有天花板，来作为人们休息的场所。与卡尔纳克阿蒙-拉神庙不同，阿吞神庙采用开放式建筑，几乎整座神庙与祭坛都暴露在阳光之下。在神庙内部，也没有任何其他神祇的形象，只有阿吞神以日轮的形象出现。在神庙的两旁，还建有数目庞大的供桌。考古学家在长庙的南侧发现了 920 座呈网格排列的泥砖供桌。在长庙北侧可能也有同样数目的供桌与之相对应。

在神庙建筑群的最东端就是阿吞圣坛。圣坛呈长方形，南北宽约 32 米，东西长约 48 米。圣坛与长庙一样也是露天的，包含若干庭院，在中心位置是柱廊与阿吞祭坛，在两侧柱廊内分别排列着阿赫恩阿吞头戴白冠与红冠的雕像。这座圣坛的格局可能参考了古王国时期的太阳神庙。在长庙与圣坛中间偏北的位置还有一块方形的区域，考古学家推测这里可能是牺牲献祭的场所。阿吞大神庙可能在整个城市的分配体系中占有重要地位。阿赫恩阿吞通过神庙及祭司集团为城市分配基本生活资料。在北侧的围墙上，还修建有北阁。北阁是整座神庙建筑群的北入口。这里也有阿吞的神坛，有学者认为，这里是为阿吞供奉外国贡品的地方。小神庙最初的名字叫作阿吞宫，其中也有一座圣所，内有高大的柱厅。阿吞神的崇拜仪式由阿赫恩阿吞与王后奈弗尔提提带领。阿吞没有神像，也就省去了传统的为神像沐浴穿衣等仪式，主要的宗教仪式可能包括唱诗与向阿吞献祭。

阿赫恩阿吞每天驾驶着战车由北城的宫殿区沿着皇家大道前往中心城区的阿吞神庙与王宫。这也是在新都城阿亥特阿吞所进行的重要宗教仪式，可能在某种程度上代替了从前阿蒙神像出行的仪式。在皇家大道两侧，平民百姓也可以一睹君主的风采，阿赫恩阿吞与王后还会出现在宫殿的阳台上，向聚集在下面的市民抛洒财物。枢机处是阿赫恩阿吞的大臣处理国家政务的地方，位于国王宫的东侧。在这里发现了一些用楔形文字写成的阿卡德语泥板。这些泥板是埃及国王与西亚地区各个国家首脑之间的外交信函。在当时的近东国际社会中，阿卡德语是通用的外交语言，各国的外交信函都用阿卡德语写成。在枢机处附属的学校里，书吏们可以学习阿卡德语。这些泥板就是赫梯、米坦尼、巴比伦、亚述、拜布罗斯以及塞浦路斯等国的君主写给阿赫恩阿吞和他父亲阿蒙荷太普三世的信。目前，发现的泥板多达340余块，分别收藏在不同国家的博物馆中。考古学家将这些泥板称为阿玛尔纳书信。在枢机处东边有一座大型泥砖建筑，可能是国家的军机处。

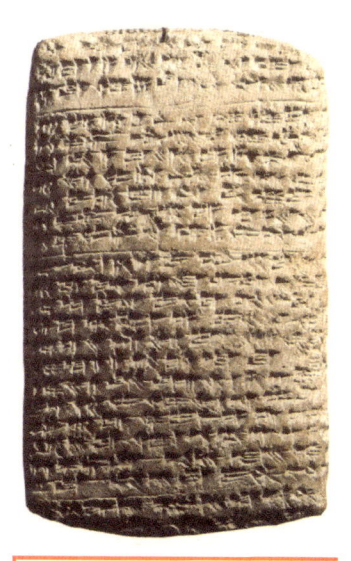

**阿玛尔纳书信泥板**
阿玛尔纳书信用阿卡德语写在泥板上，信使携带着泥板往来于埃及与黎凡特和西亚之间。在埃尔-阿玛尔纳发现的大部分泥板都是外国君主和埃及的附属国写给埃及法老的信，埃及的部分回信也在西亚出土，这些泥板是研究当时世界政治外交关系的宝贵材料。

阿亥特阿吞的居民当然不仅仅只有王室一家，大臣、工匠和仆从都随着他们的君主迁到了这里。南城区主要是贵族官僚与工匠的居住区，首相、将军和大祭司等国家重臣都居住于此。由于阿亥特阿吞是建在处女地上的新城市，因此市区与一般埃及城市相比更为宽敞。贵族们的宅第都有宽阔的院落，几乎每户人家都有水井。在这里，还有雕塑家图特摩斯的房子。图特摩斯是阿玛尔纳时期的王室专用雕塑

| 尼 | 罗 | 河 | 的 | 赠 | 礼 |

师，他就住在阿亥特阿吞南郊的一所宽敞的房子里。在他的工作室中，考古学家发现了著名的奈弗尔提提胸像。这尊雕像是德国柏林博物馆的镇馆之宝，是人类艺术史上不可多得的艺术珍品。虽然历经3500多年，但是雕像依然色彩艳丽。王后头戴蓝色王冠，面庞消瘦，脖颈纤长，嘴角略带笑容，端庄优雅又不失睿智。这尊胸像是在图特摩斯工作室的储藏间发现的，在工作室的其他房间中，还发现了20多尊石膏头像，其中包括岂娅、埃等王室成员。显然，这些头像都是工匠们制作雕像的模型。

王后奈弗尔提提胸像

在城市的外围还有专门的墓地。王室墓地建在城东的山谷之中。那里是太阳升起的地方，是阿赫恩阿吞最理想的安息之地。王室陵墓就建在旱谷中，采用岩刻墓的形式，墓道笔直向下，长约30米，在最深处是一间大墓室，墙壁上绘有阿赫恩阿吞与奈弗尔提提敬拜阿吞的壁画。在主墓室的旁边还开凿有附属墓室，其中的一间墓室中埋葬了阿赫恩阿吞与奈弗尔提提最心爱的女儿麦克特阿吞公主。在墓室的壁画上，阿赫恩阿吞与奈弗尔提提以及其他三位公主正在哀悼麦克特阿吞。北墓地位于城市东北方向的山崖上。阿玛尔纳宫廷中的一些重要贵族官员在这里开凿了岩刻墓，例如提伊王太后的管家、后宫与国库总管予亚，奈弗尔提提王后的管家、王家书吏美利拉，等等。南墓区在城市南边的山崖上，这里也埋葬着很多阿马尔纳宫

王后奈弗尔提提立像

廷的贵族和官员,例如阿亥特阿吞城的捕头马胡,以及阿蒙荷太普三世的总管、王家指挥官拉摩斯,等等。这些私人陵墓大多装饰有精美的壁画。

然而,阿亥特阿吞的繁荣并没有持续太久。阿赫恩阿吞在其统治的第十七年驾

**阿赫恩阿吞的石棺**
在石棺侧面的正上方雕刻着放射万丈光芒的阿吞日轮。

崩。在阿赫恩阿吞驾崩之后,可能有两位君主,一位是奈弗尔奈弗茹阿吞,另一位是赛门亥卡拉。有的学者认为,这两位君主其实是同一人,即王后奈弗尔提提。也有的学者认为,赛门亥卡拉是一位男性统治者,可能是阿赫恩阿吞的一位亲戚。这两位统治者在位时间都非常短暂。之后登上王位的是图特安柯阿蒙。图特安柯阿蒙本来的名字叫作图特安柯阿吞,意思是阿吞的活形象。他的王后是阿赫恩阿吞与奈弗尔提提的第三个女儿安柯斯恩帕阿吞。图特安柯阿吞即位时大概只有10岁左右,在登基后的第二年,图特安柯阿吞放弃了阿吞信仰与新都城阿亥特阿吞,回归到阿蒙信仰体系之下,将首都迁到了古城曼菲斯,并将自己的名字改为图特安柯阿蒙,王后也改名为安柯斯恩阿蒙。他还在底比斯的卡尔纳克神庙的第三塔门前树立了一块石碑,考古学家称之为重建石碑,因为这块石碑上记载了年轻的君主决定恢复古老的信仰,重新修缮在阿赫恩阿吞时代遭到废弃的诸神庙宇。艺术风格也逐渐回归到了阿玛尔纳时代之前,阿玛尔纳风格在随后的几十年中彻底销声匿迹了。就这样,阿赫恩阿吞的"宗教改革"宣告结束。到了荷尔姆赫布统治期间,阿亥特阿吞已经完全废弃,阿玛尔纳时代君主的名字都被抹去,在后世的王表中,阿蒙荷太普三世之后竟

| 尼 | 罗 | 河 | 的 | 赠 | 礼 |

**阿玛尔纳时代的国王与王后**
这幅彩色浮雕中的王室夫妇可能是阿赫恩阿吞与奈弗尔提提,也可能是赛门亥卡拉与美丽特阿吞,或者图特安柯阿吞与安柯斯恩帕阿吞。

直接是荷尔姆赫布,阿玛尔纳时代、阿吞信仰连同阿亥特阿吞城一起淹没于黄沙之中,被后人所遗忘,直到19世纪的欧洲探险家与考古学家先后在阿玛尔纳进行绘图与发掘,才发现了这座在黄沙中埋藏了三千多年的古城,让一段早已被人遗忘的历史重现在世人眼前。美国考古学家和历史学家詹姆斯·亨利·布雷斯特德将阿赫恩阿吞视为历史上第一位真正的"个人",这是因为这位君主独具个性,发起了新的宗教、新的城市与新的艺术形式。他鲜明的个性和形象与以往君主程式化的形象截然不同。阿赫恩阿吞具有浪漫主义色彩的事迹无疑使他从历史中脱颖而出,而围绕着阿玛尔纳时代的种种谜团也成为学者们研究的焦点。

阿赫恩阿吞为埃及社会带来的变化是异乎寻常的。在宗教上,他废黜了以往的宗教和神祇,将无形的阿吞作为崇拜对象。阿吞本来只是太阳神的一种属性,即太阳的日轮,甚至并不能算是一位神,而传统的埃及神祇无疑都是以具体的人或动物形象显示出来的。阿赫恩阿吞为何突然放弃传统信仰,转而供奉阿吞呢?历史上并未留下关于这种转变的任何理由的记录,所有的一切,都只能靠着考古学家的推想来得出结论。有一种理论认为,在阿赫恩阿吞的父亲阿蒙荷太普三世在位时,阿吞就得到了重视,埃及的宗教领域就在悄悄发生着变化。

阿蒙荷太普三世的御用大船就叫作阿吞之灵。在其统治的第30年，他又将自己神化，称为发光的阿吞，可能就在同一时期，与其父共治的阿蒙荷太普四世转而供奉阿吞，改名阿赫恩阿吞。那么，阿赫恩阿吞在宗教上的突然转向很有可能是在供奉其父阿蒙荷太普三世。以往神祇的名字并不写在王名圈中，而阿吞的名字则写在了王名圈内，其全名写在两个王名圈内："永生者，太阳，阿亥特的统治者，在阿亥特升起，以他的名作为来自阿吞的光"。这样一来，阿吞的头衔就好像国王一样。同时，阿赫恩阿吞称阿吞为父亲，自己则是阿吞的儿子。大约到了阿赫恩阿吞统治的第九年至第十一年间，阿蒙和穆特的名字被从各种建筑物和碑铭上抹去，阿蒙神庙及其他诸神的庙宇也被关闭，祭司遭到遣散，就连神这个词的复数形式也被禁止。有些学者将阿吞信仰与后来犹太教一神论相提并论，但是阿赫恩阿吞的阿吞信仰并非只崇拜单一的神，而是强调唯一自然力量太阳或光的重要性，这实际上是对已经具有一神教性质的阿蒙神学体系的否定。阿蒙神学体系强调阿蒙神的隐秘性与唯一性以及阿蒙神与其他神祇相结合所具有的多神格特性。而阿赫恩阿吞转而崇拜可见的阳光，从而使得宗教本身的隐秘性不复存在。因此，与其说阿吞崇拜具有一神论的性质，不如说是将复杂的信仰体系回归到对自然力量的崇拜上。有的学者认为，阿赫恩阿吞的改革实际上具有政治目的性。底比斯的阿蒙神信仰经过多年发展已经根深蒂固，卡尔纳克神庙规模越来越大，掌握着大量资源。神庙财产不受国家税收控制，祭司的权力越来越大，甚至可以左右政局的发展。不仅如此，在全国各地，各个神庙也都掌握着大量土地，而君主对神庙的控制能力日渐衰弱。阿赫恩阿吞转而崇拜阿吞，脱离底比斯建立新的都城，并且亲自担任阿吞祭司，将自己与王后视为人与阿吞之间的媒介，这些做法都可能是为了夺取神庙的权力，将政权与宗教权力集中在君主一人身上。

在文化艺术领域，阿赫恩阿吞及其王室家庭成为艺术的主题，很多壁画和浮雕都着重表现王室家族沐浴在阿吞的光芒之下，以及王室成员之间的亲密关系。王室的日常生活以及花鸟鱼虫等自然素材也成为艺术的主题，在埃及艺术史上掀起了一股自然主义与浪漫主义风潮。到了阿玛尔纳后期，人物形象也不像早期那样夸张，而是趋于自然写实，真实表现人物的年龄、神态和体态。可以说，王室成为了文化活动的中心。王室出行的仪式代替了过去神像的出行。王室成员还出现在宫殿的阳台，使市民能够直接仰望国王与王后并供奉礼物，加强了臣民与君主之间的关系。在政治领域，随着新都的建立，阿赫恩阿吞大量任用中产阶层作为忠诚于自己的官吏，并在书面文字中引入当时的口语来代替中王国时期一直在使用的古典埃及语，这可能是为了使行政更为简便，使更多社会出身较低的官吏也能够直接参与管理，从而切断与底比斯传统之间的联系，从而使国家政治走上新的轨道。从宗教的意义上讲，这一系列措施也都是阿赫恩阿吞宗教思想的一部分，即与过去决裂，在新的城市使用新的语言，重新建立世界的秩序。

因此，阿赫恩阿吞的宗教改革，实际上可能反映了君主与阿蒙神庙祭司集团之间利益冲突。然而，虽然阿蒙信仰被禁止，祭司集团遭到了严重的打击，但是在阿玛尔纳的实权派人物阿赫恩阿吞与奈弗尔提提死后，权力似乎又回到了阿蒙信仰者的手中。图特安柯阿蒙即位时年纪尚幼，当时的实权可能掌握在宰相埃的手中。而将军荷尔姆赫布掌握着军权。图特安柯阿蒙在登基后的第十年，大约19岁时突然死亡，之后埃与王后安柯斯恩阿蒙结婚而成为法老。这桩婚姻可能是被迫的。考古学家在赫梯王国的首都哈土萨城发现了一块泥板，上面是一位埃及王后写给赫梯国王苏毗鲁流玛一世的信，这位王后要求对方派遣一位王子来与她结婚，因为她不愿意"嫁给仆人"。这可能是图特安柯阿蒙死后，他的王后写给外国君主的求救信。事实上，赫梯国王确实派遣了一位王子来到埃及，但是这位王子最终不知所踪，很可能是在半路被人暗杀了。

埃年事已高，只统治了大约四年，埃立自己的儿子为太子，但荷尔姆赫布却在埃死后成为了君主，并开始了对阿吞信徒的清算，将阿玛尔纳时期从记载中抹去，拆除阿玛尔纳时期的建筑。

安柯斯恩阿蒙送花给图特安柯阿蒙

然而，究竟是何种原因导致阿赫恩阿吞从阿蒙信仰转向阿吞信仰，以及为何图特安柯阿蒙又放弃了新都城回归阿蒙信仰，目前所掌握的考古材料并不能给出令人满意的答案，只有等待考古学工作继续开展，考古学家发现更多的考古材料。或许这段历史中的种种谜团永远也无法解开，但是这正是历史与考古研究的魅力所在，激励学者不断去探索人类的过去，让我们对人类的过去有更多了解，与先人更加亲近。

109

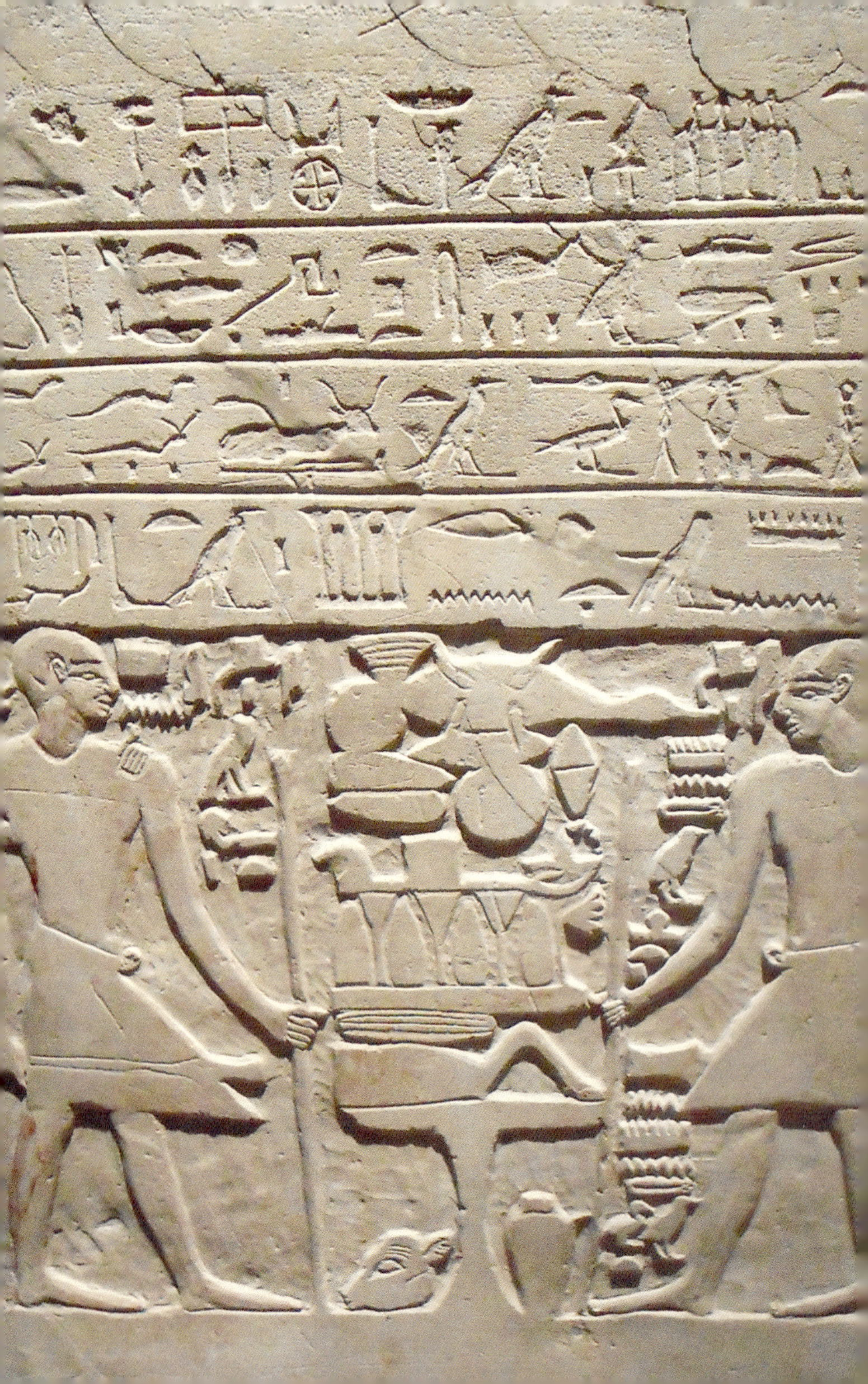

## 第四章

# 四千年前的小资生活

　　望着巍峨的金字塔和富丽堂皇的大神庙，我们往往会感叹古代埃及文明的伟大。然而构建这辉煌文明的古代埃及人究竟如何生活？他们的社会如何运行？王侯将相为自己建造了宏伟的陵墓，将名字和生平事迹刻在不朽的遗迹上，让后人铭记。那么对于淹没于历史洪流中的无数普通大众，我们又如何了解他们的生存状况呢？他们是否也和我们一样，学习、工作、购物和娱乐？所幸考古学家的发掘和研究为我们揭开了埃及社会生活的一角，使我们能够窥见古人的日常生活与喜怒哀乐，了解到古代埃及社会更为真实的一面。

| 尼 | 罗 | 河 | 的 | 赠 | 礼 |

# 一、谷物堆积而成的国家

人们可能很难想象，古代埃及社会是不使用货币的，也就是说，创造了辉煌文明的古代埃及人，竟不知钱为何物。没有货币，社会经济如何运转，人们又如何买卖商品，国家怎样开展对外贸易呢？原来，这一切经济活动都建立在以物易物的基础之上。易货交易与实物工资是古代埃及社会最基本的商品流通方式。上至显官达贵，下至平民百姓，想要得到某样东西，就要用自己已有的东西进行交换，如果为别人工作，得到的工资也是以实物来计算。在我们现代人看来，这种经济模式好像非常烦琐，然而，以物易物却在古代埃及实行了三千多年，直到托勒密王朝统治时期才将希腊的货币制度引入埃及。古代埃及社会手工业极为发达，商品交换与雇佣关系也十分普遍，在尼罗河畔还有繁华的集市，其经济的繁荣程度，决不因以货易货的商品流通方式而逊色。

然而，古代埃及的以货易货并不是买卖双方简单商量一下就将各自的物品进行交换，而是通过观念货币进行价值衡量，依据观念货币所表示的价格进行交换。在古代埃及人的实际生活中，观念货币通常是生活中最基本的产品或贵重金属，比如粮食、油、金、银与铜。人们就是用这些产品来衡量价值的，比如，一根原木价值10德本铜（德本是金属的重量单位，一般如果不特别说明，都是指铜），一把象牙梳子价值2德本，那么五把象牙梳子就可以换来一根原木。就这样，即便没有货币，古代埃及的商品也都是有价格的，人们在交换商品的过程中早就对价格心里有数，从而能够轻易实现等价交换，作为价格标杆的金属或粮食则只存在于人们想象中，在交换中并不真的有粮食或金属参与进来。这就是古代埃及的价格体系。虽然没有货币,但是观念货币的存在使得小规模的市场经济能够运行下去,并且对经济发挥着调节的作用。商品的供应和需求决定了观念价格,供应和需求的变化会导致商品价格的起伏,如果某种商品特别稀少,产生了供不应求的状况,价格就会上涨,这样的情况在埃及历史上时有发生,例如在第二十王朝时,由于粮食减产,谷物就比从前贵了很多。

那么,在现实生活中,以货易货的交易究竟是如何进行的呢?考古学家在底比斯附近的一处古代村落遗址中发现了一份买卖驴子的记录,这头驴子价值26德本,买主为此支付了一条质地光滑的亚麻缠腰短裙,价值16德本,以及一条床单,价值10德本。一头公牛则比驴子贵很多,可以换来两大缸油脂,价值60德本,5件外衣,价值25德本,1件短裙,价值20德本,以及一张兽皮,价值25德本。除了以物易物,古代埃及人支付劳务费用的时候,也使用实物作为工资。例如,一份纸草文献记录了拉美西斯三世时期一个叫作威瑟尔哈特的人支付给一位医生的工资,包括铜水壶、精致的篮子、油、木箱、席子和凉鞋等日常生活用品,总共价值22德本。据另一份纸草文献记载,一名叫作威瑟尔哈特的男子的妻子因为难产去世,不得不为三个年幼的女儿雇用一名乳母,给乳母的工资是红玛瑙项链、象牙梳子、凉鞋、木材等物品,总共价值30又1/2德本。这样的工资在现代人看来简直不可想象,不知道文献中提到的医生和乳母在领取工资的时候,要不要去租上一头驴子。然而,我们大可不必为他们担心,因为这些物品很快又会被拿到市场上换取所需要的东西。在古代埃及,日常生活中所能用到的一切都可以拿来交换,衣服、食物或是家具,甚至棺材和坟墓也可以在市场上随意买卖。

在宏观经济层面,古代埃及国家的经济体系是基于社会资源的再分配系统建立起来的,有专门的政府机构对国家经济进行管理和监控,将物资统一调配使用。政府官员是国家雇员,他们为政府工作,并领取一定数额的工资。国家对经济的控制力建立在完备的官僚系统之上,地方政府的书吏要对土地和产量做详细的记录。虽然说国家不太会规定农民具体要种植什么,但在每次洪水泛滥以后,书吏都要重新丈量土地,在收获季节快要来临的时候,评估庄稼的长势,从而预测收获时节可能征收的税收。牲畜也是国家重点控制的经济资源,每隔几年,政府就会对全国牲畜进行大清点,以便对牲畜所有者征税。因为没有货币,所有的税收都是以实物形式征收的。对于农民而言,税收就是一定数量的谷物。根据第二十王朝的一份纸草记载,对于泛滥平原上肥沃农田,每塞查特(古代埃及的面积单位,相当于大约275平方米)土地征收的税款大约是10哈尔(古代埃及谷物的容积单位,大约78升)谷物,对于稍微干旱的土地,是每塞查特土地7.5哈尔谷物,对于贫瘠的土地,则是每塞查特5哈尔谷物。除此之外,农民还承担徭役,需要为政府服务。政府雇员也要为自己的收入纳税。在新王国时期,官员的税收都要直接交给底比斯的宰相枢机处。一位要塞司令的税收可以达到20德本黄金,上埃及埃德弗市的市长则要付8德本黄金的税。征收上来的税款就进入了国家经济再分配体系。各个行省的首府就是地区再分配中心,一些地方性产品要由中央政府在各个行省之间统一调配,行省内部经济也需要进行统筹安排。一部分政府税收在地方层面就直接进入到再分配系统,用于支付地方行政人员的工资和地方神庙的宗教活动开支,如供养祭司及神庙的雇员。同时,各地政府还会将余粮储备起来,以便能够应对尼罗河水位偏低的灾年。另一部分税收则直接上缴到中央政府,用于王室支出,例如宫殿的修建、国家的军事行动、远程贸易、开采矿产等,中央政府也会以工资的形式将这部分收入分配给神庙与政府雇员。

　　王室所拥有的大量财富不仅来自税收,还来自王室成员直接拥有的土地，即王室庄园，在古埃及语中称为"户特"，大型庄园称为"大户特"。来自王室庄园的产品不仅为王室提供日常生活所需，还直接进入国库，由中央统一调配，用于大型工程建设。全国各地的王室庄园形成经济网络，生产、加工与仓储都由王室派出的专门官员进行管理，确保了经济上的高效率。在上埃及的象岛地区，考古学家发现了上百个第三王朝时期的封印，这些封印留下的铭文表明，各种物资都由阿拜多斯送往象岛，再分配给当地各级官员。国王还常常把土地划拨给神庙。在科普特斯出土了两份第六王朝时期的王室政令，主要内容就是国王将土地赠予敏神，并在土地上设立了相关的仓储和调配机构来对日常劳务和税收进行管理。此外，土地还要划分成小块，由地方官员和神庙祭司组成委员会进行管辖，其中地方官员主要负责募集耕作敏神庄园所需要的劳动力。通过建立庄园，君主将地方神庙与地方官僚也纳入到中央管辖的经济体系中，庄园经济不仅具有经济作用，也具有政治上的意义。到了新王国时期，神庙已经拥有大量土地，成为国家经济的主宰。据拉美西斯时期的文献记载，神庙掌握着上千座庄园，实际上已经掌握了对国家经济的控制权。

　　对外战争、远程贸易以及将周边小国纳入朝贡体系也会给国家带来巨大财富。除了来自努比亚的黄金和黎巴嫩的木材，埃及还从对黎凡特地区的战争中获得大批战俘。有文献记载说图特摩斯三世从迦南地区带回了9万战俘。然而，古埃及并不是奴隶制国家，"奴隶"一词在埃及的含义也与希腊罗马世界不尽相同。在古代埃及，奴隶被称为"亥姆"，意思是仆人，不仅富裕家庭，神庙也拥有很多仆人，在神庙附属的工场中工作。在埃及，成为奴隶仅仅表示经济处境与人身依附关系，奴隶与平民百姓一样享有各种政治经济权利，甚至还可以通过经商等活动赚取财富，也可以拥有土地。很大一部分奴隶是家仆。国王将在战争中获得的战俘分配给有功的军官，成为后者的家庭

|尼|罗|河|的|赠|礼|

**拉美西斯二世的巨型石像**
这座石像是由整块岩石雕刻而成的,无论是开采岩石,还是搬运和雕刻都要耗费巨大的人力以及物力。

仆人。平民在还不清债务的情况下也会将自己卖身为奴。犯人也可能被贬为奴。单纯从生活水平的角度来说,神庙与富裕人家仆人的生活甚至比普通农民还要好些。奴隶并非终身制,在服务一段时间以后,通常都可以获得自由。主人对奴隶也有相应的义务,比如为仆人提供庇护与保障;女主人还有义务养育仆人的孩子,将他们抚养成人。在象岛地区发现的一份公元前5世纪的纸草文献中有这样的记载:一个埃及人的女仆打算与一名犹太男子结婚,她的主人则答应送给她一些财物作为嫁妆;婚后女仆生下女儿,虽然女仆所生的孩子依照法律仍属于她的主人,但是她的主人恢复了她们的自由;在女仆的女儿结婚时,她的前主人还送来礼物表示祝贺。主人还常常让自己的奴隶去学习各种技能,有的奴隶甚至成为庄园管家,获得值得尊敬的社会地位。当然,也有一些奴隶从事艰苦的工作,很多战俘被分配给王室或神庙,从事重体力劳动,例如采矿或采石的工作,但是年幼的奴隶是不允许被分配做重体力劳动的。奴隶当然也可以买卖。阿蒙荷太普三世曾经向一位迦南王子购买40名女仆,每一名女仆的价格是40凯太白银(1凯太等于1/10德本)。

现代读者一定很难想象,在那么远古的时代,在连货币也没有的社会中,市场交换与国家经济究竟该如何运行,更不能想象如何在这样的条件下建造利用今天的先进设备也很难完成的巨大金字塔和神庙。然而古代埃及人恰恰利用最简单的工具做成了这些在今人看来也难以完成的事情。这一切首先要依靠勤劳的农民和工匠，没有他们的劳动，整个社会就无法运转；其次，训练有素的书吏也是社会经济运行所不可缺少的一部分，正是他们将土地、税收、王室和神庙财产以及全国各项工程建设都管理得井井有条。

虽然国家对社会经济的管理和控制是非常严密的，但是也并不意味着古代埃及是政府掌管一切、计划一切的社会。早期学者往往否认商品经济在古代埃及社会的存在，认为社会经济生活完全是由国家进行控制的，整个社会都纳入到再分配体系之下。然而，随着经济史研究的深入发展，现在的学者们更倾向于承认商品经济和市场在埃及社会中的作用。对全国的经济进行严密的计划与控制，即使是现代国家也很难做到。在微观层面上，古代埃及大部分人口仍然是农民，生活在农村的社区中，而各个农村社区都是以自给自足的村落经济为基础的。农民将自己的余粮拿到市场上进行交换来获得必需的生活用品，而不直接从事农业生产的猎人、渔民和小手工业者也需要用自己的产品与农民进行交换，以获得必需的粮食。在中王国时期的文学作品《能言善辩的农夫》中，居住在三角洲东部的一位农民赶着一队毛驴，驮着采集来的草药和泡碱等本地特产到尼罗河谷来交换一家人的口粮。在墓室壁画中，我们也常常能见到熙熙攘攘的河畔集市，小贩摆好了摊子招呼生意。

在古代埃及，国家与农民是利益共同体。民富则国富，民穷则国衰。只有土地获得丰收，国家才可能获得足够的财政收入，政府才能运行下去。如果农民流失，土地荒芜，政府也就难以为继，所以古代埃及政府对农民常常采用宽松的政策。在古代埃及历史上，几乎没有发生过农民起义事件。同样，如果尼罗河洪水不足，土地难以有好的收成，政府也会陷入危机，国家也就会因此而发生动荡，可以说，尼罗河水位是影响国运兴衰的主要因素。在上埃及的象岛、底比斯和曼菲斯，水利官员每年都要记录洪水来临时河水的高度，将历年的水位线刻在石柱上。古气象学家发现，在古王国末期，尼罗河水位持续偏低，导致埃及发生了严重的干旱，气候原因可能是古王国走向衰落的一个重要原因。埃及国家的运行总的来说是建立在尼罗河泛滥平原的农业生产基础之上的，无论是高耸入云的金字塔，还是富丽堂皇的神庙，与其说是由一块块巨石建造，不如说是由谷物堆积而成。

## 二、皇家建筑工程团队

公元前26世纪中叶,第四王朝君主胡夫在曼菲斯西边的吉萨高原上建立了一座金字塔作为自己的陵墓,这就是后来人们所说的大金字塔。但是胡夫王大概没有想到,在埃菲尔铁塔建成之前,他的陵墓都一直是地球上最高的建筑,直到近代人类走向工业文明,我们才能用机器设备来超越埃及工匠用双手建造的奇观。也正因如此,大金字塔引来无数的猜疑,各种奇谈怪论纷至沓来,有些人甚至提出金字塔是外星人建造的,真是让考古学家们哭笑不得。其实,关于古代埃及人如何能够建造如此庞大的石头建筑,自古以来就有无数猜想。古希腊历史学家希罗多德认为,埃及人一定使用了大批奴隶,才能修建如此高大的建筑。这显然是从希腊社会的经济模式出发考虑问题的。正如前文所讨论过的,古代埃及虽然有奴隶,但是与希腊社会的奴隶制却有天壤之别。经过20余年的考古发掘,考古学家证实了金字塔绝非奴隶所建造,而是由国王的"建筑工程团队"完成的,建造金字塔是庞大的系统工程,为此,古代埃及人组建了一支建筑团队,从设计师到工匠、从工程队长到普通工人,再加上形形色色的后勤人员,大金字塔正是他们通力合作的成果。

在20世纪80年代,考古学家在大金字塔以南大约500米处发现了一座早已被黄沙掩埋的城市,从而揭开了金字塔的建造之谜。这座城市就是为了建造金字塔而修建的,是建筑工人生活的地方,它的埃及名字已经无从知晓,考古学家就叫它"金字塔城"。金字塔城始建于公元前26世纪中叶,大约就是胡夫开始修建金字塔的时候,城市占地面积约等于10个足球场。到了第四王朝末期,随

| 尼 | 罗 | 河 | 的 | 赠 | 礼 |

着吉萨高原上金字塔建造工程的停止，人们逐渐搬离了这里，城市也就被废弃了。如今，清理开厚厚的黄沙，4500年前的砖瓦还依稀可见，虽然只有短短百年历史，但这座消失的城市却能够将我们带回金字塔的建造时代，看看那时候的工匠是如何用自己的双手建造这举世瞩目的奇观。

金字塔城有三条主要的街道，这三条东西向的街道由北至南平行排列，分别是北街、中街和南街。这些街道都十分宽敞，特别是中街和北街，宽度可达5米左右。中街可能是世界上最古老的精心铺设的道路，其底层是由石灰石铺设的路床，之上铺设一层碎石，再在上面

从空中看到的金字塔建筑群

铺上一层压实的泥灰，泥灰干燥以后，路面十分平坦坚硬。这种筑路的方式与现在的柏油马路简直如出一辙。在城市的北边有一道巨大的石头城墙，将金字塔城与北边的王室陵园隔开。这座石墙呈东西走向，长约200米，高约10米，墙基厚度达10米。石墙的中部有一座大门，宽约2.5米，高约7米，目前，考古学家还不知道这座城墙的用途，对于金字塔城而言，这座城墙显然太过高大厚重了。在石门的东边，有一道泥砖围墙向东南方向延伸，并在南大街的北边向右转，变成东西走向。在这道围墙西南边的就是西区，这里是城市的主要住宅区之一。西区的东侧是一座巨大的泥砖建筑，考古学家称之为王家办公楼，再往东就是城市的东区，东区也是住宅区，但是房屋的规模没有西区那么大。东区与西区之间，也就是办公楼的北边，是一些大型的功能性建筑，如伙房和营房等。

王家办公楼是金字塔建造时期的行政管理中心，储藏室也建在这里。金字塔的设计师和管理团队大概就在这里办公。胡夫大金字塔的设计师是他的宰相亥姆依乌努，他是一位王子，他的父亲奈弗尔玛阿特是第四王朝开国之君斯奈弗如的儿子。他的父亲和叔叔都是宰相，可能参与了前任君主的金字塔建筑工作。亥姆依乌努从小耳濡目染，也一定接受了系统的书吏训练，学习建筑、绘图、记账和算术等知识，以便能够用于职场生涯。他的陵墓地就在胡夫金字塔的近旁，考古学家还发现了他的雕像。这尊雕像颇具写实风格，亥姆依乌努被塑造成一位有着宽阔脸庞和细长眼睛的微胖中年男子。古王国时期的贵族男子有时被塑造成微胖的形象，以显示生活的富足。金字塔建造工程当时大概是国家的头等大事，亥姆依乌努可能每周有好几天都在这里办公。有的学者还认为，国王可能也会在金字塔建造期间来到金字塔城居住，以便能够亲自察看和监督建筑工程的进展。在办公楼的庭院中，还有若干圆形筒仓，每一个直径都有2.62米。目前，考古学家

121

发现了7个筒仓，再往南延伸可能还有更多筒仓有待发掘。在筒仓旁边还有矮墙，这可能是为了方便工人从高处将谷物倒入筒仓入口，如果想要取出谷物，则使用底部的开口。在这一区域还发现了很多枚滚筒印章及相应的封印，印泥和印章都是在行政和经济领域中不可缺少的，因此这里大概就是金字塔城物资调配的中心，是整个工程建设的指挥部。从地理位置上来说，这座办公大楼占据着金字塔城的中心位置，在其北边是巨大的烤面包房，为城市里的工人供应面包。此外，还有围墙将办公楼与外界隔绝开来，可见这里一定储备着各种物资和重要的文件。考古学家还在附近发现了纺织和制作铜器的痕迹，也有制作埃及雪花石膏的作坊。目前，整个建筑群的南半部分还有待发掘，在不久的将来，考古学家一定能够解开更多谜底。修建如此庞大的工程一定需要卓越的组织管理才能，说不定还可以发现亥姆依乌努的办公室，看到这位了不起的建筑师和工程管理专家是如何工作的。

除了总建筑师，在工地上还需要很多书吏来协助管理的工作。不仅建筑所需要的石块需要精确计算，劳动力也需要分组和轮换，以保证工程的进展速度。管理后勤工作的书吏还要计算每天需要的谷物、肉类和水。从吉萨高原到尼罗河还有一段距离，全国各地的物资由水路运到港口后，还需要通过人力和畜力运送到金字塔城。建造金字塔所使用的石块有一部分是在本地开采的，但是也有很多需要从遥远的地方运送而来，比如坚硬的花岗岩就需要在阿斯旺地区进行开采，然后再运送到这里。这些工作都需要有人专门负责。在金字塔城工作的官员平时就居住在西区。西区位于金字塔城的西部，与中间功能性建筑群和东区仅有一墙之隔。西区更像是真正的小镇，房屋宽敞，错落有致。考古学家在这里发现了很多封印和印章，证明居住在这里的大多是工程管理人员和他们的家庭。在西区的中间部分，有一幢大型建筑。这座建筑是这个区域内最大的房子，内部还有很多陶瓷，结构也十分独特，可能是用来酿造啤酒的酒厂。在金字塔城中，埃及人日常生活所必需的面包和啤酒都必须批量生产，以便满足上千工人的日常需要。

在南街以南有一排房屋，大约九间房子，其中的一些可能是伙房，用来制作金字塔城所需要的面包。在南街与中街之间，以及中街与北街之间都是大型营房。营房由十余间长条形房间排列而成，狭窄的入口面向街道，这些房间带有壁炉和厨房，可能是建筑工人的住房，狭长的形状刚好可以用来放置通铺。那么，居住在这些营房中的究竟是什么人呢？他们是永久性居住在这里，还是只在这里工作一段时间？对于这些问题，根据现存的考古证据，我们可以给出一个初步的答案。国王征集全国各地的农民来到这里工作，同一村庄的年轻劳力可以结伴而来，并在工作之中相互照应。这些人都被称为"国王的工人小分队"。这些农民来到金字塔城，主要从事搬运工作，石块已经由石匠从附近的采石场开采出来，但是需要大量的人力将其运送到金字塔附近，再按照建筑图纸分层垒好。至于究竟如何将石块搬运到高处从而建造起气势恢宏的金字塔，学者们莫衷一是，但是基本上是通过搭建斜坡的办法，再使用人力将石块拉到指定的位置。工人们需要分组也是因为巨大的石块需要一组工人合作才能拉动。根据金字塔城的面积估算，同时在这里工作的工人大约有两千人左右，这些工人被分为若干小队，采用轮班制进行工作。建造金字塔是艰苦和危险的工作。在吉萨金字塔附近的工人墓地中，考古学家发现了建筑工人的骸骨；通过对这些骸骨进行研究发现，这些工人的平均死亡年龄大约在35岁左右，很多人生前都患有严重的关节病变。同时，考古学家也发现，很多人都在生前接受过医学治疗，有的人甚至经历过开颅手术，并在术后又存活了一段时间，有一位工人因为事故的原因接受了截肢手术，之后又生存了大约14年。这些工人大都埋葬在简单的坟墓之中，但是坟墓却处于任何一个埃及人都求之不得的最佳位置——国王金字塔的近旁。这就是说，这些工人在死后获得了很高的待遇，能够埋葬在国王身边而获得永生和荣耀。他们生前的待遇也不能算很差。除了面包和啤酒，后勤部门每天都会运送大量牛羊来到这里，作为工人蛋白质食物的来源。在普通的埃及村庄，人们一般食用少量猪肉，很少食用牛羊肉。但是在金字塔城，牛、羊，特别是小公牛和小公羊，是主要的肉食来源。这些牛羊是在国王庄园特别饲养长大，再经水路运送过来的，因为本地根本无法圈养可供两千人食用的牛羊，而猪则根本无法长途运输。

农民在此工作一段时间之后就可以返乡了。大金字塔的建造持续了20余年，各地的农民轮番来到这里进行工作。在金字塔城的东区还居住着一些工匠。东区更像是一座自然形成的村落，房子都比较小，每一幢房屋大约只有30平方米至40平方米。这些房子都带有单独的厨房，说明这些住户与营房中短期工作的工人不同，他们需要自己在家里做饭，而不是领取配给的面包和啤酒。这些居民可能是一些长期居住在金字塔村的工匠和他们的家人。考古学家发现，很多房屋都经过了反复装修，说明东区的住宅可能经历过几代人的长期居住。那么，在这里居住的又是些什么人呢？一个合理的推测是，他们是具有某些特殊技能，长期在金字塔城中工作的人。在办公楼的庭院中发现了大量高品质燧石工具，吉萨高原本地并不出产这种高品质燧石，因此这些燧石都是从别的地方运送过来的。制作高品质的燧石工具需要专门的技术，也就是说，一定有一些专门制作燧石工具的工匠长期在这里工作。此外，工人每天都要将自己的工具交还，次日早上再领取工具去劳作，在工具交还以后，不仅需要人手来清点，还需要称量铜质工具的重量，以防有人偷盗。同时，也有一些工匠专门负责修补损坏的工具。此外，城市里还居住着医生、殡仪师、小贩等专门为城市居民服务的人。这些长期定居在金字塔城的人可能就生活在东区的房屋内。

为了建造金字塔，而先要建造一座城市。古埃及文明对于大型建筑奇观的执着真是让人望而兴叹。在吉萨高原的三座大金字塔建好以后，金字塔城的居民自然也就会再去别的地方寻找工作，离开了这里。沙漠中干燥的气候条件使这座黄沙掩埋之下的城市得以保存下来，并在4500年后重见天日，向我们展示了古埃及文明最真实的一面。在第四王朝时，埃及国力强盛，君主的权力至高无上，人们满怀忠君的信念，背井离乡来到这里，为他们神圣的国王建造陵寝。对于大部分农民而言，这可能是他们一生中唯一一次能够离开故乡的小村庄进行长途旅行，他们可以来到首都，见识到许多新鲜事物，与上千人一起工作，甚至可能见到国王本人。我们很难用现代人的思维去揣摩古人的想法。在我们看来艰辛的事情，在他们看来或许只是人生所必需的经历。

并非只有吉萨的三座大金字塔才有附属的金字塔城，考古学家在法尤姆地区还发现了一座中王国时期的金字塔城。这座金字塔城位于卡罕，附属于第十二王朝君主森乌斯赖特二世的金字塔，考古学家一般称其为卡罕工匠村。与吉萨金字塔城不同，卡罕工匠村并没有在金字塔建成以后遭到废弃，为了金字塔享庙的供奉和维护，这座城市一直有人居住。卡罕坐落在沙漠边缘地带，紧邻金字塔享庙，距离金字塔大约800米；城市呈方形，大约350米×410米，占地面积超过14万平方米，四周有泥砖围墙将城市包围起来。在森乌斯赖特二世在位时，卡罕十分繁荣，在国王死后，维护和供奉不需要那么多人力，卡罕的居民也就有所减少。

比起吉萨金字塔城，这座城市的规划更为整齐。在城市中，一道高墙将整个城市分为东西两部分。东区较大，西区较小。西区的街道呈"丰"字形，一条贯通南北、宽度约9米的大路使运输极为通畅，东西的小路宽大约4米，所有道路中央都有石头砌成的排水沟，以便城市污水能够及时排出。在小路两旁整齐排列着一排排的小型"公寓"。说是"公寓"并不夸张，因为每一座小房屋的结构都差不多。在城市的东区则是气派的大房屋，其中还有一座神庙，供奉天狼星神赛普图。东区道路的设计与西区类似，呈山字形，一条东西走向的大路将东区分为两个部分，大路与北边的城墙之间，若干大型房屋排成一排。在大路的南边则是较小的房屋，由南北走向的五条小路分隔成一排一排。这些大型房屋是供给宰相和前来巡视的君主居住的。在城市里当然也有谷仓。考古学家根据谷仓的容量进行估算，这座城市最多可容纳8000至10000人居住。

卡罕有一位市长，有自己的司法机关，还有一位行政官员称为威赫姆，可能负责向中央政府报告卡罕的行政事务，宰相本人也时常来此视察工作。城市居民不从事农业生产，无法自给自足，中央政府通过再分配体系为卡罕提供粮食等生活必需品。这些物品以工资的形式发放给政府官员、祭司和工匠。从考古发现来看，城中的谷仓并不只有一处。这就说明城中的居民可能分成几个部分，每一部分都有单独的配给机制。城市中还生活着很多不受政府雇用的人，他们的生计就要自行解决了。这些居民可能以给富裕人家帮佣，或为市民提供服务为生。考古学家在这座城市中发现了很多日常生活用品，包括各种首饰、工具、家具和箱子等，还发现了一些记录人们日常生活的纸草文献，包括经济法律文书和遗嘱等。这些文献的发现使我们能够了解古埃及人生活的一些细节。比如，一位叫作玛利的祭司将其头衔、房屋以及房屋内的家具等一切财产全部传给要继承他职务的儿子；一位叫作萨胡的建筑师将他的财产和仆人都赠送给他的兄弟乌阿；乌阿也是一位建筑师，同时还是赛普图神庙的祭司，他的遗嘱是将这些财产传给他的妻子,并授权妻子将来可以将财产传给任何一个孩子。此外,还有一些行政文件记录工人的工资和出勤的次数,以及居民的财产状况。

卡罕工匠村在中王国时期一直是一座繁荣的城市,照管故去国王的金字塔,维持对死去国王的供奉是卡罕居民的工作。然而,到了第二中间期,随着国家的分裂,北方为喜克索斯人占据,对国王的供奉也逐渐废止了,卡罕居民不得不搬到别处谋生,这座昔日热闹的小城陷入了荒凉与沉寂之中。卡罕和吉萨金字塔城一样没有摆脱被黄沙掩埋的命运,直到20世纪初,埃及考古学之父皮特里发现了这座城市,才使它在经过了四千年后又重新展现在人们眼前。卡罕的发现不仅对了解古埃及人的日常生活具有十分重要的意义,而且还为研究古代埃及城市规划与行政体系提供了大量宝贵材料。

|尼|罗|河|的|赠|礼|

## 三 工匠村的幸福中产生活

新王国时期，法老们不再修建巨大的金字塔作为自己的陵墓，而是在底比斯对岸的山谷中开凿岩刻墓，这座山谷就是今天举世闻名的国王谷。所谓岩刻墓，就是在岩石上开凿的墓穴，需要人力在坚硬的山岩上向下开凿出一条幽深的墓道，再在山体的深处开凿墓室。从第十八王朝开始到第二十王朝后期，几乎每一位君主都在国王谷中拥有一座陵墓。为了营建陵墓，第十八王朝的法老在国王谷东边泛滥平原以西的沙漠边缘地带修建了一座小城以供修建陵墓的工人居住，考古学家称其为代尔·埃尔—麦迪纳工匠村。

代尔·埃尔—麦迪纳工匠村是一座东北—西南走向的长方形小城，整个小城都由泥砖围墙包围起来的，南北长约130米，东西长约48米，占地面积约5600平方米。小城的大门开在北面的城墙上，是唯一的官方进出口——在围墙的其他地方，居民为了方便常常自行修建出入口。从北门进入，有一条向南贯穿村庄的狭窄街道，两边密密麻麻排列着泥砖房屋。这些房屋呈狭长形，临街的那一面只有4至6米，纵深大约在13至27米，最小的房屋只有50多平方米，最大的也不过百余平方米。小城的规模也不是一成不变的。第十八王朝

国王谷

初期工匠村刚刚建成时，房屋数量仅为21所，到了第十九王朝至第二十王朝，工匠村规模的不断扩大，在二十王朝末期工匠村废弃时，城内的房屋已经增加到68所。城市墓地

代尔·埃尔—麦迪纳工匠村遗址

就建在西边的山坡上，那里可以俯瞰整个工匠村。法老的工匠个个身怀绝技，为自己修建的坟墓也格外豪华美丽，有的甚至还在入口处装饰着小金字塔。在小城北门的对面是一座哈托尔神庙，附近还有一座阿蒙神庙，以及一些小型礼拜堂，这些神庙无疑是为了满足居民的宗教生活而特别建筑的。工匠村没有水源，因此在北门外修有一座蓄水池，政府定期将池水蓄满供村民使用。工匠村的北边是国王谷，西北是王后谷，东边是国王的享庙，可见小城的选址也充分考虑了工匠们去工作时的便利性。

工匠村的居民自然就是为国王建造陵墓的工匠和他们的家属了。工匠的数目并不固定，通常情况下为40人至60人。如果工程较少或者国王的陵墓已经提前完工，工匠村也会裁员。在拉美西斯二世漫长统治的末期，这里仅剩下32名工匠；在工程规模较大或者比较紧迫的时候，国家也会大规模增加工匠数目，拉美西斯四世在位时，工匠总数一度超过120人。当然，这个数字并不包括工匠的家属在内。假如工匠村里居住着60个工匠家庭的话，小城居民总数至少能够达到150人。由于底比斯对岸的沙漠和山谷都是墓区，人们一般称呼工匠城为"城"、"墓地"或"真理之地",城中的工匠则自称"真理之地的仆人"。

这些工匠都具有高超的技术,他们直接受雇于国王。整个工匠村都由宰相枢机处直接管辖,政府还派有专门的人员来维护治安。国家雇佣这些工匠之后,就将工匠村的住房分配给他们,让他们可以携带家眷在此定居。但是住房的所有权仍归政府,工匠不能自由买卖分配给他们的房子,也不能随意传给儿女。不过很多工匠都将手艺传给自己的儿子,年轻一代的工匠就可以子承父业,继续在国王谷工作,并继承他们父亲的房子。包括石匠、雕刻师和画匠在内的60名工匠被分成两班,称为左班和右班,每一班工匠都有自己的领班,还有一位墓地书吏,以及很多为工匠村服务的人,比如为居民送水送货的杂役。工匠每工作八天,可休息两天,此外还有许多节假日可以休息,比如我们前面讨论过的阿蒙神的欧彼德节。每到节假日,工匠们就可以回到家中或到底比斯城里去做他们自己想做的事情,他们可以利用业余时间做工挣外快,或者彼此帮忙修建坟墓。从工匠村到国王谷的建筑工地大约有一小时路程,其间还需要翻过一座山坡,因此,在国王谷内还有简易的茅屋供工匠们居住。平时工作紧张时,他们可能都要居住在工地的茅屋内,只有周末才能回到家中。在工作的时候,年长的工匠带着他们的徒弟,按批次进行工作。比如,在绘制壁画时,先有一批工匠用红色颜料打草稿,之后再修改草稿,再之后就是用黑色描实线条,确定壁画的底稿,最后再统一为壁画上色。技术纯熟的年长工匠往往负责壁画中间的部分,而年轻的工匠则负责高处和低处。这样的安排一方面因为年轻人腿脚灵便,能够长时间蹲在地上作画,另一方面也是因为君主和神祇的画像都在壁画的中间部分,是画面内容的重心所在,容不得半点瑕疵,所以必须由年长工匠来绘制。工匠们的工作也要由书吏记录下来,包括每个工匠的出勤情况和工作情况，这些内容都写成工作日志收藏起来，以备查阅。当然，请假也是可以的。考古学家在出土的文献记录中发现，请假的现象还是很普遍的，家庭成员的生日和葬礼，甚至家里需要酿造啤酒都可以作为请假的理由。

就像卡罕金字塔城一样，麦迪纳工匠村的房屋也都具有相似的结构。房子的大门紧邻街道，一进门是一间下沉的前厅，在前厅中还有一个极小的房间，小得连一张单人床也放不下，这个房间的地板比下沉的前厅高出75厘米，入口处还有三级台阶，内部的墙壁上一般装饰着贝斯神的画像。贝斯神是代表丰产和生育的家庭保护神。这个小房间很可能就是家庭神龛。在前厅之后就是中厅，中央有一根柱子支撑天花板。中厅的天花板比前厅的房顶要高，因此可以在高出的部分开窗，使得房间能够得到足够的照明，也能使空气流通。中厅的墙上通常有壁龛，里面放置着祖先的胸像，还有通向地窖的入口。家庭起居和招待客人可能都是在这里进行的。在中厅之后的房间就是卧室。厨房在整座房屋的最后面，可能就在露天的狭小后院里，以便生火产生的烟可以尽快散去。此外，房子的后半部分可能还设有楼梯以通向房顶，在炎热的夏天，人们可能会在房顶上睡觉。

在工匠们辛苦工作的时候，留在村里的妇女也并非无所事事。她们在家里照顾

一位工匠妻子的木棺

孩子，还要准备食物。政府给工匠家庭配备了女仆，来帮助这些主妇们磨面和洗衣。书吏与领班的妻子还会在神庙中任职，成为唱诗员或女祭司，有些可能在底比斯的大神庙中任职。在丈夫不在的时候，妻子还可以代替丈夫的工作。比如，一位领班的妻子在丈夫有事外出的时候代替他为工匠们发放俸禄。一般工匠的妻子都享有"家庭女主人"的头衔，在家中的地位很高，掌管着大小杂事，比如对古代埃及家庭而言非常重要的啤酒酿造工作。在古代埃及，妻子不仅拥有婚内财产的一部分，还可以独自拥有财产，在她死后，这些财产可以传给她自己指定的继承人，丈夫无权干涉。麦迪纳工匠村里的很多妇女都具有较高的文化水平，可以给自己的丈夫写信。

孩子们稍微长大一些就要跟随父亲或父亲的同事学习读写和手艺。女孩子也可以学习读写，虽然她们长大以后不能成为国王的工匠。在麦迪纳工匠村并没有专门的学校，孩子的教育都是通过家塾来完成的。工匠们利用闲暇时间教导自己的孩子，也会把孩子送到资深工匠或者书吏那里去接受教育。孩子们就用陶片和石灰石板作为书写的材料进行练习。语言文字的学习主要依靠反复不断的抄写和死记硬背。除了读写知识和工艺技能的训练，父亲和老师们还非常注重对儿童道德和心灵的教导，孩子们需要阅读古典文学作品，还要懂得尊重知识的道理。工匠的孩子长大以后很可能会和其他工匠的孩子结婚，这也导致了一些问题：工匠家庭之间或多或少都有姻亲关系，使得人际关系和经济关系变得格外复杂。比如，一名叫作玛利玛阿特的工匠因为受不了岳母的行为而想要和妻子离婚。

麦迪纳工匠村的面积比金字塔城和卡罕都要小很多，村内人口密度非常大，经济活动也十分频繁，就难免产生经济上和法律上的纠纷。在解决纠纷时，工匠村的居民会使用一种奇特的办法，即神谕审判。神谕审判的主角是第十八王朝的法老阿蒙荷太普一世和他的母亲阿赫摩丝-奈弗尔塔丽。阿蒙荷太普一世相传是工匠村的建造者，在他死后，工匠们就将这位法老和他的母亲奉为麦迪纳的保护神，对他们的供奉在后来的四百余年内长盛不衰。工匠们在村中为阿蒙荷太普一世修建了主神祠，还在尼罗河西岸的其他地方修建了至少五座祠堂，每一座祠堂中都供奉着法老的雕像。当村民们遇到难题或者产生纠纷时，就会向着阿蒙荷太普一世的神像祈求神谕。与埃及的其他神祇一样，这位神王也会定期举行巡行，神谕审判就是在神像巡行时进行的。法老阿蒙荷太普

阿赫摩丝-奈弗尔塔丽王太后

一世的塑像由一队祭司抬在肩舆上，还有的祭司举着扇子，摇着叉铃随行。神王所乘坐的不是太阳船，而是象征着世俗权力的王位宝座。另外，阿蒙荷太普一世的神像并没有像阿蒙神那样放置在一个封闭的神龛中，不能见到天日，而是摆放在开放的空间里，使百姓都能够看到他，就像一位活着的法老巡行一样。请求神谕审判最简单常见的提问方式是是非判断。在偷窃案件的审判中，如果申诉者心里已经有了比较明确的嫌疑人，他可以简单地向神王提问，例如，问："是阿蒙摩斯偷了肉吗？"之后神像通过前后摆动来给提问人一个明确的回答。如果有多个嫌疑人，当事人就会将嫌疑人的名字都写下来放在神像面前，神像同样通过移动来进行选择，告诉当事人答案。

但是，神像难道真的自己会动吗？虽然在宗教上十分虔敬的古代埃及人这么认为，但我们现代人自然知道神像是不会动的，那么，神谕审判的机制又是怎样的呢？原来，神像是靠抬着神像的祭司来移动

的。那么，其中的原理又是怎样的呢，祭司是如何操控神像，得到令人满意的审判结果的呢？其实，在这么小的社区之中，人们彼此之间的隐私很少，许多事情大家恐怕早已心知肚明，祭司应该是依据自己的所见所闻和理性判断来移动神像的，这样一来，神像移动的结果会比较接近事实，当事人不得不服从审判的结果。

麦迪纳工匠村对于考古学家而言是一座研究古代埃及文明的宝库。在这里，学者们发现了大量纸草和陶片，上面的文字记录为研究古代埃及人的日常生活提供了不可多得的材料，正因为有了这些材料，我们才能瞥见三千多年以前古人的生存状态，了解他们的方方面面，包括住房条件、夫妻关系、子女的教育、工作状况等。考古学家甚至还在村庄中发现了各种信件和便条，上面记载着这个小村庄中的各种家庭琐事，甚至还包括邻居的隐私和丑闻，大家私下里传播的流言蜚语等。这些发现不禁让我们感叹，原来古人的生活与我们如此接近！

具有读写能力的工匠也常将自己的生活感悟随手写在陶片和石片上。一位工匠在一片废弃不用的石灰石片上画了一幅国王制服狮子的图画，并在旁边写着"一切外国领土的征服者，法老万岁万万岁"来作为祝福话语，或许这位工匠正在对国家发动的军事行动表示忧虑，希望战争能够尽快取得胜利。

工匠村的生活是否能够代表普通古代埃及人的生活呢？答案自然是否定的。因为这里生活的工匠无疑属于社会的中产阶层，他们不仅掌握知识，还直接受雇于政府，他们的生活与占埃及人口80%的农民必然是不同的。尽管如此，麦迪纳工匠村至少还是能够代表古代埃及千千万万工匠，让我们能了解这些建筑文明的工匠们的喜怒哀乐。

## 四　万般皆下品，惟有读书高

书吏阶层是古代埃及和古代两河流域所特有的社会阶层。书吏大多出身于书吏家庭或富裕的农民与工匠家庭，一般为男性。古代埃及有专门的书吏培养学校，最好的书吏培养学校自然是宫廷书吏学校，在那里可以学到最为正统的书写和艺术规范。在地方上也有专门的书吏学校，为地方行政系统培养人才。

从大约四五岁开始，富裕人家的小男孩就会被送到书吏学校里去。除了基本的读写之外，这些学生们还有各自的"专业"。为了能够在最短的时间内学习到未来职业生涯所必需的知识，学生们都要接受专科培训。比如，将来打算成为会计的学生就要学习数学知识，以便能够测算土地的面积和计算税收的数量。孩子们一大早就要来到老师的家中开始上课。他们还要带着自己的干粮。在书吏学校中首先要学习的就是读写。古代埃及书吏在写字的时候都是盘腿坐在地上，将纸草卷平摊在腿上，墨盒和洗笔的小水杯就放置在一旁。他们所使用的笔是由芦苇秆制成的，尖端制作成毛刷的样子以方便书写。当然，纸草在古代埃及也是很贵重的，给学生们做练习用的都是石板和陶片。虽然现在历史学和考古学系里学习古代埃及语言的学生总是会从语法开始学起，但古代埃及人自己却没有语法的概念。学生学习书写主要依靠抄写和背诵。考古学家发现了很多学生抄写课文留下的陶片和石板，其中很多笔迹都很稚嫩，一看就知道是学生的习作。也正是因为有这些学生的抄写，古代文献才会有更多的版本保存下来，使我们能够领略到古代埃及文学作品的风采。学校的生活是非常辛苦的，学生通常要不断抄写，直到可以记下来，如果偷懒的话，就会受到老师严厉的体罚。经过大约七年的刻苦学习，学生就能从书吏学校毕业了。由于古代人的寿命普遍比较短，埃及人在大约12至13岁就会走入职场，开始职业生涯。

书吏在古代埃及社会中是很受人尊敬的，他们自己也常常以能够书写而自豪。一份古代埃及纸草文献给予书吏极高的评价："他们没有青铜建造的金字塔，也没有陨铁制作的墓碑，他们没有想过传宗接代，好让自己的名字流传下来，他们的遗产就是书写，留下充满智慧的书籍……教导文是他们的陵墓，芦苇笔是他们的儿女，雕刻的石头是他们的妻子……人们总会死去，躯体化为尘土，家族也会灭亡；但是书本却能让人咏诵，作者因而让人永记。"

埃及书吏相信"万般皆下品，惟有读书高"。一名叫作笃阿亥提的书吏还写下教谕文来告诉学生这一道理。现代学者称这篇文章为《行业讽喻诗》，因为文中列举了包括木匠、铁匠、洗衣工和纺织工在内的十八类职业的种种艰辛，让学生明白唯有当上书吏，才能免于做这些苦工，"没有什么比书写更优越"，"爱书本应甚于爱母亲"，还教导学生待人接物的礼仪，告诉学生应该如何对待自己的长官。古代埃及虽然是等级社会，但社会等级却并非不可逾越。一个人如果勤奋努力，掌握读写，是很有希望过上富裕生活的，平民甚至奴隶都可以成为官员、书吏或祭司，这大概就是平民学生所努力的目标吧。

对于年轻的书吏而言，职业生涯的起点往往是在神庙或贵族的庄园中担任管理职务。管理庄园在古代埃及是非常复杂细致的工作，每年都需要丈量土地，预测产量并确定税收。古代埃及相对而言是地广人稀的，确切地说，农业人口相对于土地而言是稀缺的，而农业的季节性又特别强，如果错过了播种时间或收获时间，庄稼就会被洪水淹没。因此，庄园管家需要确定每一块农田都有人耕作，这样才能保证庄园的收入，有足够的粮食来支付工人工资。粮食的配给和仓储也需要精心计算,庄园中的纺织、制陶、酿酒、畜牧及水果蔬菜的种植等事宜都需要作出细致的安排。除了国王,重要的王室成员如王后、王太后、王子和公主也会有自己的王室庄园和管家,这些管家同时也是国库的管理者,掌握着国家的财政大权。第十八王朝女王哈特谢普苏特的王室总管森恩穆特就是其中非常特殊的一位。

森恩穆特的父亲名叫拉摩斯,只是普通出身,最多不过是个小地主,他的母亲名叫哈特奈弗尔,是一位非常能干的妇人,嫁给拉摩斯后,逐渐掌握了家政大权,得到了"家庭女主人"的称号。不仅如此,哈特奈弗尔还会演奏手鼓,可能是社区宗教仪式上的重要人物。这对夫妻生下六名子女,除去森恩穆特,还有两个女儿和三个儿子。森恩穆特年幼时就开始学习书写,接受书吏的训练,以便长大以后能够找到一份体面的工作。事实证明,拉摩斯与妻子哈特奈弗尔的教育投资是正确的,他们的儿子森恩穆特后来成为了权倾一时的显赫人物。然而,森恩穆特成功的道路并不是一帆风顺的。在他还是少年的时候,拉摩斯就去世了,森恩穆特帮助母亲撑起家庭重担,养育年幼的弟妹。古代埃及人的家庭观念很强。在古埃及非常流行的教谕文实际上就是以父亲教导儿子的口吻写成的,教导年轻一代如何行事做人。子女对父母的孝顺也很受到重视。森恩穆特功成名就之后,在自己的岩刻墓之下又给母亲开凿了专门的墓室,准备了镏金的木棺与木乃伊面具,并将父亲和其他家庭成员的棺椁也迁葬于此,与母亲合葬。不仅如此,他还为母亲准备了丰厚的随葬品,如纯金项链、纯金戒指和银镜等。这些随葬品制作工艺极为精美,很多都只有王室工场才能制作出来。其中有一条纯金打造的项链,带有绿色半宝石雕刻而成的镶金圣甲虫坠子,项链的每一节都由六对小金环相互套在一起,使得整条项链可以伸缩,实在是巧夺天工。此外,森恩穆特还为他的母亲准备了美丽的戒指。考古学家在解开哈特奈弗尔木乃伊的亚麻布条后，在她的左手手指上发现了四枚圣甲虫形状的戒指。圣甲虫是由橄榄石制作的，表面均匀施釉，光泽柔和美丽，其中两枚分别镶嵌在金环和银环上，还有一枚较小的上面刻有"王后哈特谢普苏特"的字样。这样的王室赏赐品对于哈特奈弗尔这样的普通妇女而言，是无上的光荣。由此可见，哈特奈弗尔凭借着自己的儿子，享受到了超越其地位的荣耀，森恩穆特也一定极为敬爱他的母亲，她的棺椁比她丈夫的更大更精美。

然而，森恩穆特却并没有埋葬在母亲近旁，他为自己开凿的墓穴（位于底比斯墓地，在尼罗河西岸，编号为TT71）始终是一座空墓。他的另外一座墓穴位于代尔·埃尔—巴哈里（编号为TT353），就在哈特谢普苏特女王的享殿近旁。然而，这座坟墓也是一座空墓，森恩穆特的骸骨并没有安葬于此。那么究竟发生了什么事呢？在这位权倾一时的朝臣身上，究竟隐藏着怎样的故事？

我们知道，森恩穆特具有非常卓越的才能。哈特谢普苏特在位期间，曾经在卡尔纳克神庙大兴土木，其中两座当时世界最高的方尖碑就是由森恩穆特负责建造的。此外，我们在第三章中曾经提及的位于卡尔纳克阿蒙神庙的红色礼拜堂，也是这位森恩穆特主持修建的。作为一名优秀的建筑设计师和工程总监，森恩穆特最伟大的作品就是位于代尔·埃尔—巴哈里的女王享殿。哈特谢普苏特享殿的名字叫作"万圣之圣"，是依山开凿的三层平台式神殿，中间一道笔直的阶梯一直通到神殿的最顶层。每一层都有柱廊一字排开，在享殿之前，还有宽阔的广场花园。这座享殿的左侧就是中王国第十一王朝国王门图荷太普二世的享殿。哈特谢普苏特享殿正是仿照这座中王国的享殿来建造的。古代埃及人非常注重和谐的美学，虽然门图荷太普二世的享殿对于哈特谢普苏特时代的人而言已经是五百多年的古迹了，但森恩穆特仍然采用了相似的设计，从而使两座建筑在外观风格上一致，并与

第四章｜四千年前的小资生活

背后的高山融为一体，显得更为雄伟典雅。与哈特谢普苏特共治的图特摩斯三世也将自己的享殿建造于此，位于门图荷太普二世与哈特谢普苏特享殿中间更靠近山体的位置。遗憾的是，图特摩斯三世的享殿在第二十王朝时就毁于地震引起的山崩，使得我们再也无法一睹其风采。在如今的代尔·埃尔—巴哈里，女王的享殿是唯一保存完整的建筑，每年都有成千上万的游客前来观光，在享庙精美的壁画与雕刻中寻找女王昔日的风采。在这座美丽享庙正门几乎每一扇门板的背面，都刻有森恩穆特的名字和形象。在古代埃及历史上，从来没有一位朝臣的名字和形象可以出现在君主的享庙和陵墓中，可见森恩穆特与女王的关系非同一般。考古学家猜测，这位杰出的森恩穆特，很可能是女王哈特谢普苏特的面首。这一论点的另一佐证是，在非常看重后代的古代埃及社会，作为高官的森恩穆特却似乎终身未娶。在他的墓室壁画中，没有出现妻子和儿女，反而是他的兄弟为他献祭戴孝。森恩穆特还曾是哈特谢普苏特与图特摩斯二世唯一的女儿奈弗茹拉公主的老师，考古学家发现了多尊森恩穆特怀抱幼年公主的雕像。此外还有森恩穆特的跪像，手中捧着哈特谢普苏特的王位名；此处的王位名也不是使用一般的写法，而是森恩穆特精心设计的另外一种拼写方法。这些雕像形式也是森恩穆特发明创

森恩穆特怀抱奈弗茹拉公主的方雕
方雕是蹲坐在地上的人像，这种形式的雕塑出现在中王国以后。方雕有平坦的表面，可以篆刻铭文，不易倒塌损坏。图中的奈弗茹拉公主梳着埃及儿童典型的发型，只有头部被雕刻出来。

造的，并为后世所沿用。或许这正是这位朝臣向女王表达倾慕之情的一种方式，以显示他对女王的忠贞不贰。女王的统治很可能就是森恩穆特在幕后支持的。有学者认为，他的陵墓之所以建在代尔·埃尔—巴哈里，是为了要挨近女王的陵寝。他在贵族墓地的陵墓只有一间礼拜堂，根本没有建造地下墓室。即便如此，这座小礼拜堂也装饰得别出心裁，里面的壁画绘有米诺斯人的形象，这是已知最早的古代埃及描绘米诺斯人的壁画。他的另一座只有地下墓室而没有地上建筑的陵墓，也具有独特的装饰，在墓室的顶部绘画了包括五大行星和各个星座的星图，这是已知的古代埃及最早的绘制在私人墓葬中的星图。这样的墓室壁画让人们不禁猜测森恩穆特不仅是杰出的建筑师和政治家，还是一位了不起的天文学家。

然而，森恩穆特与哈特谢普苏特女王之间究竟是怎样的关系，我们也只能凭借残存的考古材料进行推测。可以肯定的是，他们之间存在着巨大的鸿沟：一方面，埃及公主是无法像一般贵族妇女那样享受正常家庭生活的，她们或者嫁给君主，或者成为女祭司过着独身的生活，不能嫁给贵族或者平民；另一方面，一个是女王，另一个是臣仆，他们之间地位相差太过悬殊，即便存在真挚的感情，也绝无正式结合的可能。大约在女王统治的第十六年，森恩穆特便从各种建筑物铭文中消失了。他的职位为其他官员所取代，甚至连名字也被抹掉了。有的学者推测，森恩穆特最终失去了女王的宠爱，也失去了权力；也有学者认为，森恩穆特死于意外事故或反对派的暗杀，成为了政治斗争的牺牲品。然而，不论是哪一种说法，都缺乏实际的证据。森恩穆特是古代埃及历史上经历最为传奇的人物，出身卑微却凭借着自身奋斗成为一人之下万人之上的人物，拥有近九十个头衔，建造了举世瞩目的奇观。他热衷于为自己塑像，在艺术上有许多创新，至今仍有近三十尊雕像在世界各大博物馆展出。然而这位时代骄子为何如流星般突然陨落,他与女王之间究竟发生了怎样的故事,我们全部无从知晓。或许随着考古工作的进一步展开,将会有更多的发现公诸于世,解开这位生活在3500年前的古埃及传奇人物身上的种种谜团。

森恩穆特的经历可能太过传奇,然而在古埃及这片神奇的土地上,拥有传奇经历的官员又岂止森恩穆特一个?古埃及国王都热衷于建造大型建筑,大兴土木这个成语已经不足以形容古埃及工程建设的规模了,因为埃及的陵墓、神庙与雕像无不是利用巨型石块建筑雕塑而成,从高耸入云的方尖碑到国王巨大的石棺,都需要无数人力物力从遥远的矿区开凿出来,再运送到尼罗河谷,领导这些任务的官员无不需要极高的组织能力和过人的胆识。在第六王朝,一位叫作温尼的高官就被国王泰提派到开罗附近的图拉去开采白色石灰石,这些洁白美丽的石灰石是国王陵墓内部装饰的必需材料,大门、供桌和石棺都要由这种高质量的石灰石来制作。温尼顺利地完成了工作,得到了国王的赞许。贸易与出使的工作也需要由高级官员来负责。古王国第六王朝君主培比二世就派他的大臣,上埃及总督荷尔胡夫出使到位于现在北苏丹喀土穆以南的亚姆地区,为王室搜罗各种珍奇宝物。荷尔胡夫为年幼的国王找到一名侏儒。侏儒在埃及深受欢迎,侏儒舞蹈是宴会上必备的节目。当然,这并不意味着侏儒在古代埃及受到歧视,相反,人们很尊敬侏儒,甚至有许多侏儒成为总管和高官。荷尔胡夫写信给国王,通报了自己找到侏儒的事情,这位年幼的君主显然非常激动,立即给这位老臣写了回信:"你在来信中称,你从天涯之地带回了一位会跳神圣舞蹈的侏儒……你确实知晓如何去做你主上喜悦和赞许的事情,你确实夜以继日去做你主上喜悦、赞许和命令的事情。……北上回朝。尽快将你从天涯之地得到的侏儒带回,要使他健康,使他能够为神舞蹈,并愉悦朕心。乘船时要派可靠之人看守,以免他落入水中。睡觉时派可靠之人在他的帐篷里与他同睡,并在夜间检查十次。朕见此侏儒之心，甚于任何矿产之地的珍宝。若你能将侏儒健康带回，朕必重赏于你……"

培比二世的这封回信被荷尔胡夫原封不动地抄写在了他墓室的墙壁上，一来是因为收到君主的书信是至高无上的荣耀，二来能够领导探险队深入到非洲内陆地区与当地部落进行贸易，也是十分值得炫耀的事情，在当时的埃及其恐怕很少有人能够顺利完成如此艰巨的任务。年幼的君主在信中表明了对即将到来的南方侏儒的热切期盼，展现了其孩子气的一面，同时也让我们知道，无论君主年轻或者年长，有何种命令，作为臣子都必须满足君主的要求，并将其视为无上的荣耀。在国王具有绝对权威的古代埃及，国王的荣耀是臣子不断探险未知世界的动力。探险与贸易也并非总是成功。在第三中间期的一个故事中，主人公温阿蒙被阿蒙神庙的大祭司派遣到拜布罗斯（即今天的黎巴嫩）去索要一些雪松来为阿蒙神建造新船。然而，温阿蒙的行程却颇不顺利，先是在东地中海遭到多尔城邦首领的抢劫，继而在拜布罗斯也受到了怠慢，当地的统治者并不愿意无偿提供温阿蒙需要的木材。这个故事的背景是在第二十王朝的末期，此时埃及的国力已经衰弱，使者的地位也不如从前。

学习读写其实并非是走向仕途的独木桥。在重视军事和战争的新王国时期，参军也是平民百姓成为达官显贵的重要途径。在第十七王朝末至第十八王朝初，一名叫作阿赫摩斯的士兵跟随着国王参加了打击喜克索斯人统一全国的战争。在攻克喜克索斯王朝首都阿瓦利斯后，他跟随着国王在迦南地区征战了三年，之后又转战努比亚，镇压了三起叛乱。在阿蒙荷太普一世统治期间，阿赫摩斯又一次讨伐努比亚。阿蒙荷太普一世死后，他又为图特摩斯一世效力，带领水军进攻努比亚，被任命为舰队司令。接着，这位阿赫摩斯还跟随图特摩斯一世攻入西亚地区，一直来到幼发拉底河。在当时陆路交通极不发达的情况下，能够到达外国内陆地区的埃及人是非常少的。阿赫摩斯曾跟随三位法老南征北战，从一名普通士兵成长为战功赫赫的将军，与同时代的普通埃及人相比，他的一生可谓波澜壮阔，颇具传奇色彩。职业生涯的成功也为他带来了巨大的财富，国王奖励给他很多黄金和奴隶。阿赫摩斯退休之后，他的后代似乎并没有继承他的职位在军中效力，他的孙子成为了书吏和祭司，担任文官的职务，还成为了王子的老师。这可能也从一个侧面说明，如果有一定的条件，古埃及的父母还是希望子女能够走上学习读写、当书吏的道路，毕竟战火无情，相对于南征北战，平安稳定的生活更加让人向往。

## 五 爱生活，爱享乐

|尼|罗|河|的|赠|礼|

古代埃及人看重来世，热衷于建造陵墓和神庙，但是他们其实非常懂得享受生活的乐趣。在墓室壁画中，除了引导死者进入来世的经文和咒语，他们还会写上一首《竖琴之歌》，歌词表达了人们对于死亡的无可奈何，劝慰生者要珍惜活在人世的时光，歌中这样唱道：

墓室壁画中演唱竖琴之歌的盲乐师

> 如此便尽情欢欣吧，
> 最好将这些都遗忘，
> 活着便听从你心里所想。
> 将没药抹在头发上，
> 穿上精致的亚麻衣，
> 献给神的香膏也要给自己涂上。
> 充满欢乐，莫要消沉，
> 随心所欲，尽情享受，
> 在世间便做想做的事。
> 那天来临时定会悲声四起，
> 然而奥赛里斯听不到人间的哀鸣，
> 恸哭也无法将你从墓坑中救起。
> 看哪，谁也带不走钱财！

看哪，那离去的再也无法回来！

古代埃及人喜欢宴饮与乐舞。在墓室的壁画上，常常出现宴饮的场景。在贵族的宅邸中都有宽敞的大厅，后院还有带着池塘的花园，宴会通常在大厅或者花园中举行。男宾和女宾一般分开来入席。古代埃及的贵妇们都身穿白色亚麻布长裙，佩戴着乌黑的长假发，发式极为讲究，假发上还有固体的香膏，香膏随着体温逐渐融化，散发出迷人的芬芳。她们的脖子上都戴着金光闪闪的项圈和美丽的花环，身上披着最上等的细亚麻布织成的半透明的打褶长袍，洁白的衣裙与鲜艳的妆容和金光闪闪的首饰形成鲜明的对比，使得她们看起来十分高贵典雅。席间还有各色菜肴，水果和鲜花，舞女表演着优美的舞蹈，乐手演奏着动听的乐曲，觥筹交错，衣袂飘扬，无比奢华，无比欢乐。

贵族男子最喜爱的活动可能就是狩猎了。他们常常手持弓箭，到沙漠边缘地带去射杀羚羊和野兔，有时甚至还会狩猎狮子。在墓室壁画中还会出现猎杀河马的场景。人们乘船到尼罗河中，使用长矛来捕猎河马。以英勇著称的图特摩斯三世就曾经在幼发拉底河畔猎杀大象。猎狗也是必不可少的。早在涅伽达时期，猎狗就已经出现在艺术作品之中。到了王朝时代，狗更成为古代埃及人所喜爱的宠物，它们总是会出现在墓室壁画中，陪伴在主人身边。除了猎犬，古代埃及人还饲养猫、羚羊、猴子、狒狒、鸟等各种宠物。宠物死后也会被制成木乃伊，放置在主人的墓室中，继续陪伴在主人身旁。宠物们也会在墓室壁画中出现，猴子和小猫常常蹲坐在主人脚旁，在壁画上还画着它们装满食物的大碗。阿蒙荷太普三世法老的儿子图特摩斯王子就有一只叫作塔咪乌特的宠物猫，这只小猫死后与王子葬在一起，还有自己的石棺。在王子的墓室壁画中，小猫塔咪乌特也有一席之地，它也

| 尼 | 罗 | 河 | 的 | 赠 | 礼 |

**在芦苇丛中狩猎**

狩猎是古代埃及墓室壁画中常见的主题。墓主人站在纸莎草船上,在妻子和女儿的陪伴之下,来到芦苇丛中狩猎。古代埃及人相信人死后会来到一片芦苇荡中,那里有充足的食物,是一片乐土。因此,墓室壁画中的狩猎主题常常与来世有关。

像人类一样端坐在供桌之后接受供品。在一位妇女的墓中,考古学家还发现了一只宠物羚羊的木乃伊。此外,还有一位女祭司也与她的宠物狒狒葬在一起。

尼罗河慷慨的赠予带给埃及人丰厚的收成,也带来了洪水期的农闲时光。除去与宠物玩耍,古埃及人还发明了很多游戏。早在前王朝时期,埃及人就懂得了下棋的乐趣。古代埃及的"象棋"叫作森特。森特棋的棋盘是长方形的,上面分成三排画有三十个方格,其中最后的五个方格上标有特殊符号,在棋盘下方带有一个小抽屉用来装棋子。下棋的双方通过投掷做好标记的小木棍来决定可以走多少步。到了新王国时期，森特棋还被赋予了宗教文化上的含义。下森特棋成为墓室壁画的常见主题。这是因为人们相信好的棋手具有好的运气，能够得到神明的保佑，顺利通过各种关卡进入来世而获得永生。森特棋一直非常流行，还传到了黎凡特和克里特等地。

古代埃及的另外一种游戏叫作麦赫恩，这也是一种棋盘游戏，只不过棋盘的形状是一条盘起来的大蛇。棋子具有各种不同形状，有些棋子是雌雄狮子的形状，有些则像今天的跳棋。这种游戏在古王国非常流行，不仅墓室浮雕中有所展现，还发现了不少随葬的棋盘。此外，还有一种棋盘游戏叫作豺狼与猎犬。这种棋的棋盘上按照规则排

拉美西斯二世的王后奈弗尔塔丽下森特棋

| 尼 | 罗 | 河 | 的 | 赠 | 礼 |

列着许多小孔,而棋子则是带有豺狼头或猎犬头的小棒,玩的时候将小棒插入到棋盘上的小孔中,双方通过投掷木棍来决定行走的步数。遗憾的是,这些游戏的玩法早已经失传,根据零星的文献记载,考古学家仅仅知道麦赫恩棋的下法是需要技巧而不是靠运气的。

除去棋类游戏,埃及人还十分热爱体育活动。在墓室壁画中也常常出现人们进行体育活动的场景。常见的体育项目有手球、曲棍球、跳高、举重、摔跤及拳击等,此外,投掷标枪、体操、游泳和射箭也十分常见。可以说,在古代埃及,各种体育项目一应俱全,一点也不逊色于今天的运动会。到了新王国,马匹被引进到了埃及,马术比赛在贵族年轻人中间迅速流行起来。不仅男性热爱运动,古代埃及的姑娘们也毫不逊色,手球游戏就在妇女中间颇为流行。古埃及的球是用皮革缝制而成的,中间填入干燥的纸莎草以便使皮球轻便而富有弹性。在玩手球的时候,一般两人一组与对手相互扔球,传球的时候

贵族的庭院和灌溉庭院的仆人

墓室壁画中的摔跤运动

可以用脚也可以用背部。古代埃及人的举重跟今天的举重是不大相同的。古埃及举重只能用单手，选手们需要用单手拎起沉重的沙袋，并要把沙袋举过头顶保持一段时间。游泳也是深受喜爱的运动。自幼生活在尼罗河边的埃及人都是游泳健将，贵族的宅邸中还有私人游泳池供贵族儿童学习游泳。像跳高和拔河这类运动直到今天仍在埃及的农村地区十分流行。

除此之外，古代埃及和其他社会一样也有说书人来为人们讲故事。古代埃及的很多文学作品可能原本就是口头流传的故事，比如中王国的文学作品《辛努亥的故事》，讲述一位叫作辛努亥的官员因为国王的驾崩而逃到迦南地区，最终又回到埃及的冒险故事。书吏们还有藏书的嗜好，很多纸草文献都出土于书吏和祭司的墓中，或许阅读也是书吏阶层所喜爱的休闲方式。

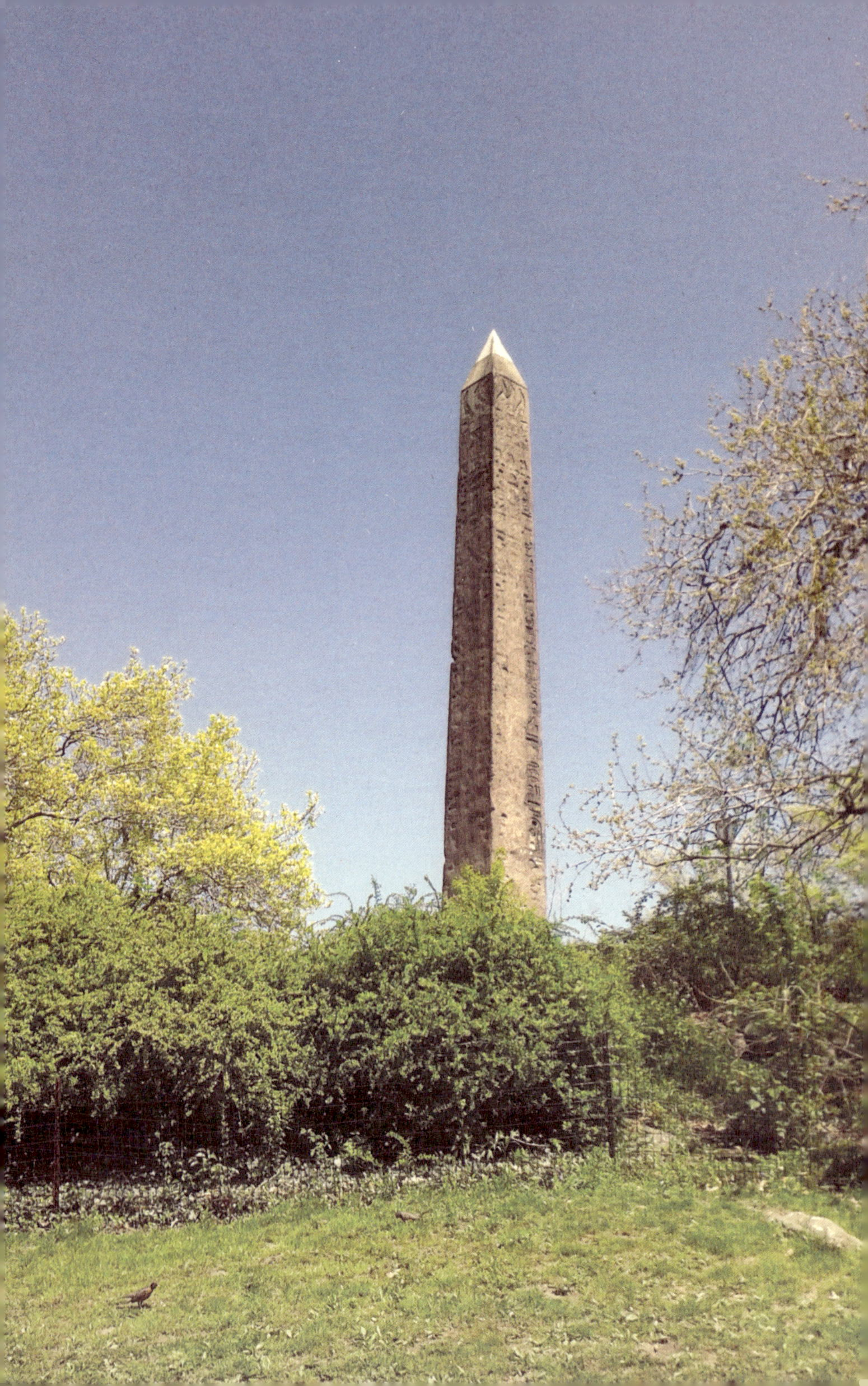

# 第五章

# 古代埃及巡礼

　　早期的学者常常认为古埃及文明是封闭的文明，偏安于非洲一隅，鲜少与外界往来。随着研究的深入，我们不得不承认，埃及非但不封闭，反而是连接亚非欧三大陆的桥梁，处于古代交通贸易的十字路口。埃及物产丰富，手工业尤为发达，埃及的产品常常出口到努比亚、西亚与爱琴海地区，同时也将各种非洲内陆地区的产品输送到两河流域与地中海世界。埃及文明对周边地区文明的发展也产生了深刻的影响。沟通与贸易永远是人类文明发展的主旋律。商人的脚步穿越沙漠，货船的风帆跨越海洋，带着各种奇珍异宝，把文明的讯息传播到世界各地。

# 一 埃及的珍宝

## 尼罗河的赠礼

古代埃及最重要的珍宝，就是他们的唯一的水源尼罗河。尼罗河提供水源，还带来各种人们赖以生存的其他资源，可以说，尼罗河是埃及土地上一切生物的生命线。古代埃及人的农耕都依赖于尼罗河带来的肥沃泥土。尼罗河淤泥富含大量有机营养物质和矿物质，古代埃及农民一直不知肥料为何物，因为尼罗河淤泥就是天然的肥料。他们主要的粮食作物是大麦和二粒小麦，主要的经济作物是亚麻，在沙漠边缘地带，人们还种植果树，在自家的庭院旁边开垦菜园。尼罗河带来的肥沃土壤使得耕种非常容易，只要洪水量充足，就会带来好收成，因此埃及自古就是地中海世界名副其实的粮仓。在希伯来《圣经》中，犹太人先知亚伯拉罕就因为饥荒而来到埃及谋生。实际上，叙利亚和迦南一带的居民迫于生存压力经常移民到富饶的尼罗河三角洲。黎凡特地区山峦众多，只有沿海地区有少量平原可以用来耕种。而在美索不达米亚，底格里斯河与幼发拉底河的洪水依赖于上游山区融化的雪水，非常不稳定，作物的生长和收获都没有保障，时常发生饥荒。相比之下，尼罗河洪水不仅流量稳定，在时间上也非常适宜，刚好在收获完作物的时候到来，为来年的播种带来水源和淤泥。在这一点上，古代埃及人比两河流域的各个民族可要幸福多了。古埃及法老经常把粮食出口到周围地区来换取自己所需要的物资。到了希腊罗马时代，埃及的粮食、药草与香料更是举世闻名。不断扩张的罗马帝国正是看中了埃及的富庶，最终占领了这片沃土，从此，埃及成为罗马皇帝的专属领地，埃及的粮食更是源源不断运送到罗马帝国的首都，维持着帝国的庞大开销。

尼罗河也为流经的地区带来各种水生动植物，这些动植物对于古代埃及人而言是十分重要的自然资源，就连名不见经传的芦苇也能派上很大的用场。古埃及人将芦苇捆扎成束，当作支撑房屋的柱子，将芦苇秆编织起来涂抹上泥灰就可以制成具有透气功能的土墙。对于几乎没有雨水的埃及而言，芦苇也可以用作建筑屋顶，既遮阳，又通风，非常实用。将芦苇束放置在泥砖房屋的墙角，还可以起到良好的保护作用，免得泥砖的墙角被撞坏。早期的石质建筑甚至还保留着这样的设计：建筑在乔赛尔阶梯金字塔旁边的小礼拜堂就保留了泥砖式样的建筑式样。在礼拜堂外墙的边缘上有一道圆柱形石条，这些外墙墙角的石条就是对芦苇束的模仿。除了用作建筑材料，芦苇还可以制成席子、篮子、筐子等各种日常生活用品。在上一章中我们还提到过，书吏所使用的笔也是芦苇秆制成的。芦苇对于古代埃及文明的贡献实在是非同小可，就连埃及人心目中的来世，也是一片长满芦苇的田地。在墓室壁画中，我们常常可以看见墓主人和家人乘坐小船在芦苇荡中航行，或是捕鱼，或是猎鸟，一派逍遥自在的样子。

**乔赛尔金字塔礼拜堂**

| 尼 | 罗 | 河 | 的 | 赠 | 礼 |

**人工培育的纸莎草**
野生纸莎草在今天的埃及已经近乎绝迹，人们将野生纸莎草种植在庭院中，作为观赏植物。

说到尼罗河水边的植物，有一种我们是非说不可的，那就是纸莎草。纸莎草生长在尼罗河三角洲地区，是一种生长在浅水中的莎草科植物。它的茎秆笔直向上生长，可以达到四至五米高。纸莎草几乎没有叶子，只在茎秆的顶端长出一簇浅绿色的浓密细叶，长度约10厘米至30厘米，呈放射状，好像盛开的焰火一般，非常美丽。早在公元前三千纪初期，古代埃及人就开始利用纸莎草植物来制作可以书写的纸张，也就是我们通常所说的纸草。纸草是利用纸莎草的茎秆制成的。可是，古代埃及人并没有留下任何关于如何制作纸草的记录，只有公元前1世纪的罗马作家老普林尼在他的《自然史》中对此略有记载。现代考古学家通过对出土纸草的研究，发现纸草的制作流程并不十分复杂：首先，要将收割的纸莎草茎秆切割成一定的长度，再将外皮去掉；之后将内部稍软的白芯削成又细又长的薄片；接着将薄片依次排在木板上，各片要相互衔接上，再在这一层上铺上第二层薄片，但要与第一层薄片摆放的方向相互垂直；最后，用力捶打或挤压使得两层薄片黏合在一起，纸莎草植物本身黏稠的汁液可能也起到了一定的作用。敲打之后的纸草等到自然风干以后就可以用来书写了。理论上虽然如此，但实验考古学家多次试验的结果却表明制作纸草并非易事。无论是削制薄片还是敲打纸草都需要一定的技术才能完成。古埃及人可以做出洁白光滑、质地细腻的优质纸草，可见造纸工匠的技术是多么高超。纸草不仅在埃及广泛使用，还出口到地中海各国。到了希腊化时期，许多希腊文献也都是用纸草写成。在亚历山大里亚的图书馆里，保存着成千上万册纸草图书，希腊世界几乎所有作家的作品，都可以在这里找到。制作精良的纸莎纸草是非常昂贵的。

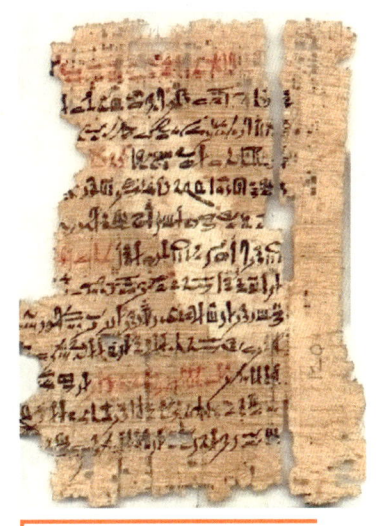

**写在纸草上的古埃及文学作品**

出口纸草可以帮助埃及人换取他们缺少的各项资源。除了造纸，纸莎草的另外一项重要功用是造船。船只是古代埃及人必备的交通工具，而最物美价廉的造船材料就是纸莎草了。工人们收割了纸莎草，再将茎秆捆扎成两头翘起的小船。这样的小船是十分便利的交通工具，可以装载20人之多，还可以用来捕鱼。此外，纸莎草还是制作凉鞋的好材料。日常生活中常用的席子和篮子也有很多是用纸莎草制作的。

尼罗河带给埃及人的另外一项珍宝就是淤泥。淤泥中不仅含有作物生长必不可少的养分，还可以用来烧制陶器。富含铁质的尼罗河淤泥可以烧成美丽的红陶。早在涅伽达时期，埃及的陶器就随着贸易商队来到黎凡特地区。人们在泥土中提取矿物质（主要是铁的氧化物）就可以制作颜料。古代埃及妇女化妆使用的红色颜料就是由泥土制作出来的。书吏们所使用的红色颜料也是同样的物质。除此之外，尼罗河淤泥还是良好的建筑材料。古代埃及人虽然使用石头建造陵墓和神庙，但自己的房屋却都是用泥砖建造的，这是因为泥土在尼罗河边遍地都是，只要取来就可以使用，是既经济又实惠的建筑材料。泥土取来后加入切碎的稻草搅拌均匀，再用模子做成长方形。由于埃及缺少木材，人们一般都不会烧砖，而是将砖块摊在太阳底下晾晒。亚热带的骄阳和干燥的气候足以让泥砖很快干燥变硬，成为优良的建筑材料。在干燥少雨的气候条件下，泥砖房屋相当结实，考古学家还发现了早王朝时期的泥砖建筑遗迹，距今已有5000年历史，还依然矗立在沙漠中。

依赖于尼罗河所赠予的淤泥与水边生长的动植物，埃及在农业上非常富足，但是其他资源却相对短缺，木材非常稀少，只有本地的一些质地较差的木材可以利用，矿藏也不丰富，银矿非常稀少，东部沙漠的金矿数量也不多，铜矿远在西奈半岛，就连制作木乃伊所必需的泡碱也只有在尼罗河三角洲东部的泡碱旱谷才有。埃及东面和西面都被寸草不生的沙漠所包围，但是埃及人却很早就懂得如何利用沙漠中有限的自然资源为自己服务，他们用勤劳灵巧的双手将自然界稀松平常的物品加工成美轮美奂的艺术品，用高超的手工艺技术来创造物品的价值。

从涅伽达时期开始，古代埃及人就在沙漠中开采黏土矿来制作精美的陶器。沙漠黏土颗粒小，质地细腻，在经过高温烧制后，会呈现出灰白或淡绿色，其中的矿物质成分还会在陶器表面形成一层薄薄的釉，使陶器具有非常美丽的光泽。

沙漠山区的石材更是为古埃及人所广泛使用。南部的阿斯旺最适合开采花岗岩。埃及常见的花岗岩有粉红色和黑色两种。第十九王朝法老美利恩普塔就有一座红色花岗岩雕刻而成的狮身人面像，现藏于美国宾夕法尼亚大学考古与人类学博物馆。花岗岩质地坚硬，开采和雕刻都十分不易，只有到南方才能获取，因此十分珍贵，是只有王公贵族才能享用的石材。闪长石因为其美丽的花纹也是古代埃及人特别喜爱的石料。在涅伽达时期与早王朝时期非常流行的大型石罐就经常使用闪长石来制作，甚至有的陶器也在表面画上花纹来模仿石质器皿。玄武岩颜色黝黑，古埃及人常常用它来为死者制作雕像，在法尤姆地区和哈玛玛特旱谷都有玄武岩矿藏。当然，在古埃及使用最为广泛的就是石灰石了。不仅吉萨高原上的金字塔是由石灰石建造而成，私人墓葬中也大量使用石灰石。石灰石质地较软，易于雕刻，也便宜易得，从三角洲顶点的曼菲斯地区到阿斯旺以北的尼罗河谷边缘沙漠中都有石灰石可供开采。在使用花岗岩、闪长石或玄武岩等富于质感的石料雕刻时，古代埃及人很注重体现石材本身的质地和花纹，并不会涂上颜色；白色石灰石没有花纹，又很容易上色，因此石灰石雕像上面总是会绘出人物的五官、头发和服饰，并且涂上相应的颜色，使雕像显得栩栩如生。在埃及还有一种很独特的石材，即埃及雪花石膏。这种石材主要分布于西部沙漠的盆地和绿洲中。半透明的雪花石膏呈白色或乳白色，质地非常柔软，很容易雕刻，打磨光滑后具有蜡的质感，是古代埃及人非常喜爱的一种材料。埃及雪花石膏常用来制作盛放化妆品或香水的容器，半透明的瓶身显得非常美丽。王公贵族也会使用雪花石膏来制作雕像、石棺以及盛放死者内脏的罐子，第十八王朝法老图坦卡蒙的内脏罐及装内脏罐的匣子都是用雪花石膏制作的。石质雕像和容器也是古代埃及的重要出口产品。在爱琴海的岛屿上和黎凡特地区都发现了埃及的雕像和石器。

　　沙漠中看似毫无用处的砂石，古代埃及人也能加以利用。在古代地中海世界非常流行的埃及珐琅就是用最不值钱的沙子制作而成的。埃及珐琅是一种碱、石灰与石英加热形成的化合物，是用含有石英的沙子加一定量的碱烧制而成的。埃及珐琅与现代珐琅生产不同，并不是附着在陶器表面的，在烧制过程中也不需要加入任何黏土。利用不

| 尼 | 罗 | 河 | 的 | 赠 | 礼 |

同的模具，就可以随心所欲制作出不同形状的物品。珐琅本身没有颜色，在烧制以后呈淡褐色，并不十分好看；但是埃及人很早就掌握了上色的技术，在烧制时加入铜矿石粉，就可以得到美丽的蓝绿色，这也是古代埃及人最喜欢的颜色。珐琅器的上色还有多种方法，利用其他矿物质，就可以得到多种颜色的珐琅器，也可以在表面形成各种图案。埃及珐琅质地坚硬，釉色光滑美丽，堪与宝石相媲美。在埃及的珠宝首饰上，就可以找到美丽的珐琅镶嵌。因为沙子不易成形，埃及珐琅器一般只能做成体积较小的器物，如珠子、项链坠子、护身符、小雕像或小容器等，也可以用作建筑物的装饰和雕像的镶嵌。在乔赛尔阶梯金字塔的墓室墙壁上，镶嵌着大约3.6万块蓝绿色的珐琅砖。新王国时期，珐琅的制作达到了顶峰，蓝色珐琅高脚杯是当时的典型器物。除此之外，珐琅器还远销国外，成为埃及最主要的出口产品之一。埃及珐琅制成的珠子和戒指都非常受欢迎，甚至在欧洲内陆都有发现。

与珐琅相似的另一种化合物就是著名的埃及蓝。埃及蓝并不是器物，而是一种颜料，是由氧化铜矿石、沙子和碱混合加热而成的。考古学家分析，在制作埃及蓝时，加热的温度不如制作珐琅时那么高，

蔚蓝色的尼罗河水与周围的沙漠形成了鲜明的对比

各种物质呈半熔解状态。烧制后的成品往往制作成小锭子，使用时再研磨成粉末。埃及蓝是一种非常美丽的深蓝色，好像湖水一般，给人宁静优美的感觉。蓝色是古代埃及人最喜欢的颜色，这大概是因为赋予埃及生命的尼罗河水也具有一样的深蓝颜色，与周围的沙漠形成了鲜明的对比。考古学家在萨卡拉一座第一王朝末期的墓中发现了最早的埃及蓝。到了第三至第四王朝，埃及蓝就已经非常流行了。埃及人一直掌握着制作埃及蓝的秘方，外国人是无法知道埃及蓝的制作方法的。因此，埃及蓝也是重要的出口商品。到了罗马时代，埃及蓝在流行了3000年后终于退出了历史舞台，其制作方法也失传了。

古代埃及也生产动物产品。今天埃及境内的尼罗河流域已经没有河马了，但是在古代，那里却是河马的栖息地。河马体积庞大，常常破坏田地和船只，对于古人而言是十分危险的动物。目前我们并不十分清楚古代埃及人是否食用河马，但可以肯定的是，人们猎杀河马后，会用河马牙和河马骨制作工艺品。河马牙的质地比象牙稍软，常被用来制作小型工艺品，例如护身符和家具的镶嵌装饰，还会用来制作特殊的巫术道具，例如妇女生产时使用的魔法笏。古代埃及人相信，在妇女生产时，只要用象牙或河马牙制成的刻有神明图案的长板围绕着产妇在地上画一个圈，就可以把伤害产妇的邪灵都挡在圈外。

古代埃及畜牧业也十分发达。从古王国开始，国家就会定期对全国的牲畜进行大清查。饲养牛羊是埃及社会经济中非常重要的组成部分。在墓室壁画中，我们总是可以看见牧人放牧牛羊，带领牛羊涉水过河的场景。牛在宗教祭祀中也有着十分重要的作用。牛腿是献给死者的最佳贡品。人们甚至把整只牛腿风干放入死者的坟墓中作为陪葬品，希望死者在来世也能享受到美味的牛肉。屠宰公牛更是很多宗教仪式不可缺少的部分。当然，尼罗河畔丰美的水草也使得埃及的牛羊格外肥壮。塞浦路斯的一位君主就曾经写信给法老阿赫恩阿吞，希望

## 尼罗河的赠礼

法老能送给他一些埃及的公牛。

在上一章中，我们提到过古埃及贵族常在头顶佩戴香膏，以使自己通体芳香。对于埃及人而言，香水的作用不仅仅在于产生香味，更具有非常重要的宗教含义。在埃及的创世神话中，世界最初的生命就是在原始土丘上生出的一朵蓝莲花。香味代表着生命和永生。正因为如此，古埃及人非常热衷制作香水，各种香油、香水和香膏也是埃及著名的产品，不仅畅销国内，还远销海外。古代埃及人善于制作香油和香膏，很早就掌握了从花朵中提炼精油的技术。由于产量稀少和制作困难，香膏在古代社会是非常昂贵的产品。从墓室壁画中我们可以知道，古代埃及人是用挤压和蒸馏的办法制作香水的。将芳香植物碾碎装入布袋中，再由两人分别在两边向相反方向拧紧布袋，花朵中的芳香成分就会被挤出来，滴在布袋之下装有清水的容器中，再用蒸馏的办法就可以得到芳香精油。为了能够将这些香水密封保存，防止陶制材料吸收精油而造成浪费，埃及人还特别使用各种石料制作美丽的香水瓶。香水不仅是重要的出口产品，也是贵重的外交礼物。在阿玛尔纳书信中，香水也是近东各国十分喜爱的商品。到了罗马时代，埃及的香水更是闻名于世，大量出口到罗马帝国的各个城市。

如果我们把人力资源也计算在内的话，医生和占卜师也可以说是埃及的特产。极度重视宗教和丧葬的古埃及社会自然也会培养出优秀的祭司和占卜师。近东各国都认为埃及的占卜师和神祇非常灵验。外国的君主有时会邀请埃及占卜师到本国来为自己服务。古埃及人的医术也是在古代世界里首屈一指的。一位西亚国王曾经写信给埃及君主，要求对方派遣一位医生来给自己治病。其实，古埃及医学的发达得益于木乃伊的制作。制作木乃伊时需要切开人的腹部，并把内脏取出，这使得古埃及人很早就熟悉人体的结构。早在古王国时期，埃及的医生就可以对骨折患者实施外科手术，将骨头接好。考古学家发现了大量医学纸草，记载着各种疾病的治疗方法以及各种草药的使用方法，还发现了外科医生进行手术时所使用的各种工具。古希腊作家也常常提及古埃及人高明的医术。很多古希腊医生都到埃及来进修学习。相传被称为西方医学之父的希波克拉底就曾在埃及的神庙中学习医学，参读各种医学文献。古代埃及人将110岁作为长寿的标志。显然，极少有人真的能达到这一标准。但是，不少埃及君主和贵族都很长寿，比如培比二世和拉美西斯二世可能都活到了耄耋之年，这在平均寿命只有40来岁，医疗卫生和营养条件都十分落后的古代社会是极为罕见的，可见宫廷医生在其中起到了很大的作用。

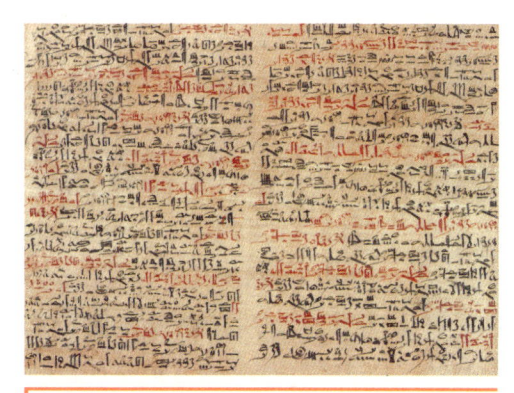

**古代埃及的医学纸草**
艾德温·史密斯纸草是世界现存最古老的医疗外科文献，写于公元前16世纪，详细讨论了外科诊断治疗的方法。

此外，古代埃及的珠宝首饰和其他各种手工业制品也是重要的出口物资，换回了大量财富。

## 二 非洲探险

|尼|罗|河|的|赠|礼|

无论是近现代史还是古代史研究，人们通常会把埃及当作近东或中东的一部分，而忽略了它其实属于非洲文明的事实。早期的西方学者受到西方中心论等错误观点的影响，认为非洲大陆是十分落后的，不可能发展出像古代埃及这么伟大的文明，因而认为埃及文明的诞生一定受到两河流域的影响，试图将埃及与非洲隔离开来。然而，事实证明，埃及是土生土长的非洲文明，在其发展过程中不断与包括两河流域在内的周围文明发生互动和往来；埃及地处非洲大陆，与其他非洲文明之间的关系也十分密切。可以说，文明的发展并不是孤立的，一定是在与其他文明相互碰撞中发展壮大的。交往是人类的本能。各个文化之间的互通有无与相互往来是人类文明能够从刀耕火种发展至今的基本推动力之一。

早在涅伽达时期，上埃及与南方的努比亚地区就有极为密切的关系。考古学家在努比亚北部地区发现了很多埃及的器物，包括大量陶器和石质工具。当地人虽然在葬俗上与埃及不同，但是却大量使用埃及的器物，说明这一地区与上埃及的贸易往来极为频繁，深受埃及文化的影响。随即发展起来的，是努比亚的A部落文化。A部落制作陶器的技术十分高超，所制作的黑口红陶形态古朴，质地细腻，薄如蛋壳，表面还有规则的波纹，是人类早期陶器制作中不可多得的精品。A部落不断发展壮大，占据了从第二瀑布区到喀土穆的大部分地区，包括西部的利比亚沙漠，并在位于现在埃及和北苏丹边境的库斯吐尔建立了自己的王朝。努比亚人在埃及与更南部非洲之间的贸易往来中扮演了中间人的角色。在希拉康玻利斯等地都发现了大批努比亚类型的陶器。在努比亚地区的岩画中，常常会有涅伽达文化式样的船只出现。努比亚人不仅与埃及人之间有着频繁的贸易往来，也与南方的埃塞俄比亚等地发展了贸易关系，使得埃及也可以间接获得来自埃塞俄比亚的产品。可以说，在这一时期，埃及涅伽达文化与努比亚A部落文化之间的互动极大地促进了各自的发展。在努比亚的墓葬中，不仅出现了来自埃及的调色板，也出现了本地生产的调色板，以及覆盖着金箔的权杖头。埃及的石质器皿在努比亚的墓葬中也十分常见。努比亚的器物与埃及相似，但又带有自身的特色。例如，努比亚人虽然从埃及人那里引入了调色板，但努比亚调色板大多呈枣形，用石英石制成，晶莹剔透，非常美丽。有的学者认为，努比亚地区王权的形成可能比埃及还要早；埃及文明中关于王权的观念，很可能是受到了努比亚文化的影响。在库斯吐尔，考古学家发现了一座香炉，上面雕刻着鹰、宫殿正门、王座等象征王权的图案。努比亚的冶金也发展得很早。在早期的墓葬中就有铜制品出现，如各种武器和器皿等。

在努比亚A部落文化中，社会上层人员主要从事与埃及的贸易。A部落文化与涅伽达文化的交往可以说是两种文化相互促进平衡发展的结果。频繁的贸易往来使彼此熟悉并且相互影响。可以说，正是与努比亚地区的往来使得涅伽达文化能够充分发展，最终促进了埃及统一大业的完成。

埃及君主热衷于将埃及的边境不断向南推进，在埃及与努比亚的边境线上建立要塞，增派驻军，加强自己对下努比亚地区的控制。第十二王朝君主森乌斯赖特三世就在边境地区建造要塞并树立界碑，严格控制努比亚商船进出埃及。这并不是说埃及与努比亚总是势不两立的敌人，要塞与驻军都是为了建立贸易据点，维护王室对贸易的垄断，保证贸易的正常进行。古王国南部的边境是阿斯旺，这个名称恰来自于古埃及语的"贸易"一词。埃及需要从努比亚进口许多非常关键的物资，其中最为重要的就是黄金。

对于古代埃及人而言，黄金的来源只有三处：科普特斯的黄金、洼洼特的黄金与库什的黄金。其中只有科普特斯的黄金在埃及境内，指位于尼罗河吉纳转弯以东的沙漠地带的近况。洼洼特是指阿斯旺东南方向，努比亚北部的阿拉齐旱谷与伽布伽巴旱谷，那里也盛产黄金。库什的黄金是来自更南方的上努比亚地区。埃及东部沙漠的黄金产量远远不及努比亚，古代埃及王公贵族所享用的大部分黄金其实都是来源于他们的邻居努比亚的。

除了黄金，努比亚还为埃及提供很多其他非洲产品。象牙是埃及人从努比亚进口的主要产品之一。非洲象牙体积巨大，质地坚硬细腻，是非常好的雕刻材料。努比亚人捕猎大象获取象牙，或者向更南方的部落收购象牙，然后再贩卖到埃及和两河流域。在埃及，象牙可以被制成各种各样的工艺品，如小雕像、护身符、小容器以及家具上的镶嵌装饰甚至床腿和头枕。在新王国时期，埃及对努比亚象牙的依赖达到了前所未有的程度。象牙不仅供埃及本土消费，也成为埃及法老送给黎凡特和两河流域统治者的外交礼物。在阿玛尔纳书信中，叙利亚和迦南等地的统治者就曾向埃及法老索要象牙。

比象牙更重要的是香料。埃及人的日常生活是离不开香料的。埃及祭司每天都要在神庙中焚香，因为他们相信香味不仅是人与神沟通的媒介，也是神显现的结果。在炎热的埃及，人们也喜欢在自己身上涂抹香膏，一来是让自己体味芳香，二来是可以预防蚊虫叮咬及各种皮肤病。埃及人喜爱的其他热带产品还包括用于装饰的长颈鹿尾巴和鸵鸟羽毛，供人们当作宠物饲养的猿猴等，当然还有我们在前一章中提到过的会跳舞的小矮人。

埃及人与非洲的交往并不仅仅局限于努比亚地区。埃及人知道，要获得更多他们喜爱的热带产品，就需要到更南方的非洲腹地去寻找。在努比亚的东南方向，有一片物产极为丰富的土地，有埃及人所向往的一切美好物产，埃及人称其为蓬特，意即神之地。在中王国时期的文学作品《沉船的水手》中，一名水手的船因为风暴而沉没，他在海中漂流，巨浪将他带到一座孤岛；在岛上，他遇见了以大蛇形象出现的神；神告诉他，自己就是蓬特之主，将会送给他蓬特的物产，包括没药和各种埃及所需的香料，以及猿猴、长颈鹿尾巴和象牙等热带产品。

当然，蓬特并不只是神话中的地名，学者们已经考证出，埃及人所谓的蓬特大概位于今天的埃塞俄比亚、索马里至也门一带，埃及的船只从红海驶到亚丁湾，并在那里寻找香料。在整个古代世界中，亚丁湾地区一直是重要的香料集散地，来自非洲和阿拉伯半岛的香料都在此汇合，运送到埃及，再经由埃及前往地中海世界。来自印度洋的香料也会来到这里，或者经过红海，或者经过波斯湾到达两河流域和埃及。

哈特谢普苏特女王在位期间，就曾派遣探险队到达蓬特，与当地人进行贸易。女王将蓬特探险的壮举雕刻在自己的享殿墙壁上，使得我们今日能够知道当时的盛况。哈特谢普苏特派遣了五艘大帆船前往蓬特，每艘船都有20米长，可以装载200余名船员，需要30名水手同时划桨。领导这次探险活动的是财政大臣奈何西，他是一名有努比亚血统的朝臣。根据哈特谢普苏特享庙的铭文记载，当时统治蓬特地区的是国王帕拉胡和他的妻子阿提王后。奈何西在蓬特受到了当地王室的友好接见，国王和王后表示愿意拥护埃及女王的统治，与埃及进行贸易往来。女王的船队从蓬特满载而归，他们在蓬特获得了大量香料，还有乌木、象牙以及黄金。不仅蓬特，周边其他非洲部落也纷纷用自己的产品与埃及产品进行交换。这次贸易最显著的成果是从蓬特运回了31株没药树。为了保证树苗可以成活，

|尼|罗|河|的|赠|礼|

哈特谢普苏特享庙壁画,努比亚弓箭手
自中王国以来,努比亚武士就常常在埃及的军队中服役,他们擅长射箭,是非常优秀的弓箭手。

这31株没药树的树根连带泥土都装在大篮子中,从遥远的蓬特运回埃及,并栽种在哈特谢普苏特享庙前的庭院里。这可能是人类历史上首次对移植外国树种的记载。同探险队一起归来的,还有前来朝见的蓬特国王和王后。在浮雕中,阿提王后是一位身体壮硕、皮肤黝黑的妇女,国王夫妇带领着随从来到哈特谢普苏特的宫廷向她进献礼物。值得一提的是,在哈特谢普苏特享庙的浮雕中,不仅有蓬特国王和王后,还详细刻画了蓬特地区的风土人情,比如当地人用来居住的圆顶小屋。这种房屋在热带地区很常见,房子由木头柱子高高架起,人要经过梯子才能进入屋内。远道而来的埃及人一定对这种建筑模式感到非常惊奇。随行的书吏将当地的树木房屋都画下来并带回埃及,之后这些图画就用于女王享殿的浮雕装饰。埃及与蓬特的友好关系一直持续到第二十王朝。第二十王朝君主拉美西斯三世也曾派遣探险队到达蓬特,带回无数奇珍异宝,蓬特的统治者也跟随埃及的船队来觐见法老。

## 三 向黎凡特进军

西亚也是人类文明的发源地之一。这里的古代文明与埃及有着十分广泛的联系。其中，东地中海地区作为埃及的近邻与其关系最为密切。历史学家常常将东地中海地区称为黎凡特地区。其实，黎凡特并不是一个精确的地理名词。埃及考古学家一般用这一名词指代迦南、叙利亚、黎巴嫩、巴勒斯坦、约旦、以色列等地，在广义上也包括塞浦路斯等岛屿。

埃及与黎凡特地区的联系可谓源远流长。从尼罗河三角洲的东部沿着地中海的海岸线向东就可以到达叙利亚和迦南等地，这条贸易路径被埃及人称为"荷鲁斯之路"。早在巴达里时期（大约公元前4500年），黎凡特地区就与埃及有着频繁的贸易往来。在巴达里文化早期，东地中海地区发现了来自埃及的贝壳、燧石工具和石质调色板。到了公元四千纪，在黎凡特与尼罗河流域之间就已经建立起贝壳贸易网络。当地人喜爱尼罗河光滑美丽的珍珠贝母，常用这些贝壳做成珠子或项链坠等装饰品。在墓葬中，尼罗河贝壳制成的首饰也十分常见。埃及的石质权杖头与人形象牙小雕像也出现在黎凡特地区的墓葬中。当然，贸易永远都不是单向的。在西奈半岛北部的海岸线上，考古学家发现了零星分布的黎凡特类型器物，表明了各种货物也从东地中海源源不断地运送到埃及，不仅尼罗河三角洲地区，甚至远在上埃及的希拉康玻利斯都发现了黎凡特式样的陶器。到了涅伽达中后期，黎凡特南部的陶器大量进入埃及，并对埃及本土的陶器形制产生了深刻的影响，例如著名的波形双耳陶罐。这种陶罐原先起源于黎凡特地区，很快传入埃及。在埃及，陶罐的双耳逐渐消失，取而代之的是在肩部形成波纹图样，很多石质容器也采用了这一式样。在阿拜多斯，著名的前王朝时期王陵 U-j 号墓中就有近七百只黎凡特式样的陶罐，其中很多都还带有完好无损的封印，陶罐内盛满淡黄色的液体，经检验发现是当时人们酿造的酒。这些陶罐很可能是从黎凡特南部进口到埃及的。可能是当地部落进献给埃及统治者的贡品，也可能是古代埃及人为了厚葬他们的君主而从黎凡特购买的美酒。第一王朝时期，在黎凡特南部还出现了很多埃及人的定居点。实现统一的埃及更为强大，在黎凡特南部的控制力和政治经济影响力也进一步增强，这些定居点具有一定的行政性质，很可能是为了更好地控制当地经济活动、帮助埃及获得所需要的各种资源而设立的。

早王朝时期，埃及的势力已经全面渗透到黎凡特南部。当地出土了很多带有埃及王家标志的陶罐，这些大型陶罐是用来装酒的。考古学家对于这些在黎凡特南部发现的埃及王家陶罐持有不同的看法。有些学者认为，由于黎凡特南部酿酒业发展比埃及早，埃及国王很可能将自己的陶罐运到这里，装满酒再送回宫廷里去，而当地的陶罐太过粗糙单薄，不适宜长途运输，所以就要在这里换上王家专用的陶罐。也有学者认为，这些陶罐是装满埃及酿造的酒再运送到黎凡特南部的埃及人定居区的，因为移居到这里的埃及人可能喜欢本国酿造的酒。以现存的考古证据来看，两种说法都有一定道理，但也都缺乏相关的证据。然而，不管何种解释，都证明了埃及与黎凡特南部地区有着广泛的物质文化交往，双方进行大规模的贸易活动，在文化上也相互渗透相互影响。

为何黎凡特南部地区对于埃及而言如此重要？这首先是因为这里有古代埃及文明不可或缺的资源。早在古王国时期，埃及的君主就派遣探险队到西奈半岛开采铜矿。尼罗河谷附近的铜矿很少，埃及人需要到西奈去获得他们所需要的铜矿石，然后再运送回埃及。对于埃及人而言，铜矿石不仅仅是冶炼青铜的原材料，也是制作颜料和珐琅器的重要材料。没有铜矿石，工匠们就没有办法画出颜色鲜艳的壁画，人们也没有办法画上美丽的眼影。在西奈半岛荒芜的沙漠中，经常有游牧部落出没，因此埃及的探险活动大多是半军事性质的。除了西奈半岛，塞浦路斯也是重要的铜矿产地。实际上，希腊语中"铜"这个字就是得名于塞浦路斯岛。塞浦路斯的铜矿品质很高，当地人早在公元前四千纪时就已经知道如何从矿石中冶炼出金属铜，并由此闻名于包括埃及在内的近东各国。到了新王国时期，塞浦路斯成为埃及的重要贸易伙伴。在阿玛尔纳发现的外交书信中，还有塞浦路斯国王写给埃及法老阿赫恩阿吞的信。塞浦路斯国王在信中说，他送给阿赫恩阿吞500塔兰特铜。当时的1塔兰特大约等于30千克，500塔兰特铜作为外交礼物可不是一笔小数目。尽管如此，塞浦路斯国王还在信中解释道，因为国内战乱的关系，铜矿严重减产，使得他无法赠送更多的铜。

在这封信中，塞浦路斯国王还提出，埃及从他们国家购买了一些木材，希望阿赫恩阿吞能够尽快将货款付清。对于木材稀缺的古代埃及而言，东地中海的岛屿和沿岸地区是他们获得木材的最佳地点。拜布罗斯也是古埃及最重要的贸易伙伴之一。作为世界上最古老的城市之一，她的历史可以上溯到公元前八千纪。这座美丽的城市依海而建，背靠着阿玛诺斯山脉。精明的腓尼基商人很快就把他们的城市发展壮大，到了公元前3世纪，拜布罗斯已经是享誉地中海世界的城邦国家，商业极为发达，整个地中海世界都有他们的贸易伙伴。早在涅伽达时期，埃及就开始进口黎巴嫩雪松了。埃及的商船沿着尼罗河顺流而下进入地中海，再沿着海岸向东北航行就可以到达拜布罗斯。拜布罗斯附近的高山上是雪松森林。黎巴嫩雪松是非常高大的树木，最高可达40米，树干直径可达3.5米。雪松的木材呈棕粉色，纹路细致美丽，气味芳香而且不易腐烂，是古代埃及人特别喜爱的木材。古王国君主胡夫在他的大金字塔旁边埋葬了巨大的太阳船，整艘船都是用雪松制成的，直到今天还完好无损。埃及与拜布罗斯的关系当然不是局限于木材贸易。埃及宗教和文化对拜布罗斯有很大的影响。在拜布罗斯的方尖碑神庙中所供奉的女神巴阿拉特格巴尔（意思是拜布罗斯之主）就是埃及女神哈托尔的化身，其中一座方尖碑上还用象形文字书写了铭文。中王国时期的埃及对拜布罗斯的影响尤甚。在当地统治者的墓室中，考古学家发现了不少刻有埃及王名的器物。拜布罗斯不仅进口埃及的手工艺品，当地的工匠也会对埃及器物加以仿制，可见埃及文化在当地是非常流行的。在政治上，拜布罗斯一直是埃及的盟友。在阿玛尔纳书信中就有许多封拜布罗斯统治者写给埃及法老的信，其中的一封是拜布罗斯国王里巴狄在国家遭到外敌入侵时写给埃及法老的求助信。到了第十九王朝，埃及与拜布罗斯的关系发展达到了顶峰，但是之后却逐渐衰落了。到了第三中间期时，拜布罗斯由于附近港口城市的发展壮大而逐渐走向衰落。

黎凡特地区的重要性还在于这里是埃及与两河流域甚至远东地区沟通往来的桥梁。安纳托利亚高原与两河流域的货物都经过黎凡特地区运送到埃及。来自遥远的印度河流域的货物经过伊朗高原或者经由海路运送到两河流域，再向西运送到埃及。人们不免要去猜想，在交通运输极不发达的时代，古人为何要大动干戈地进行如此长距离的贸易，这样的长距离贸易在当时的历史条件下又是如何实现的。

其实，古人对"舶来品"的需求可能比我们想象的更加强烈。埃及人自古以来就对产自阿富汗地区的青金石格外热衷。早在涅伽达时代，阿富汗的青金石就已经出现在了埃及的土地上。亚欧大陆古代世界所使用的青金石，绝大部分都是产自阿富汗的。在阿富汗的巴达赫尚，青金石开采的历史可以追溯到公元前四千纪。青金石是一种非常美丽的宝石——深邃的蓝颜色带有金色的细小斑点，就仿佛晴朗的夜空中缀满了点点繁星。长途贸易使得青金石格外贵重，常被用作镶嵌宝石。雕像的眼睛也会用青金石来镶嵌，这样一来，青金石的闪光就可以让雕像栩栩如生，仿佛有一双真的眼睛一般。埃及人还赋予了青金石宗教上的含义。青金石往往与神相联系。在中王国故事《沉船的水手》中，漂流到孤岛上的水手所遇见的巨蛇就有青金石的眼眉。古埃及人相信青金石是具有灵性的石头，于是用它来制作各种各样的护身符。保护死者心脏的圣甲虫护身符也通常就是青金石制成的。

古代长途贸易的运行依赖于发达的贸易网络。所谓的长途贸易，并不是一站贸易，商品在途中需要几经转手，才能从遥远的阿富汗到达埃及。早在公元前4世纪初，苏美尔地区的商人就开始与伊朗高原进行贸易往来，横贯东西方的贸易线路就是在那时开始形成的。到了公元前3世纪，美索不达米亚与印度河文明之间的贸易往来更为频繁。考古学家在贸易线路的沿途发现了许多定居点，来自各个文明的商人就像接力赛跑一样将商品传递下去，而这场接力赛的终点就是埃及。然而，远程贸易总是充满危险的。接力的任何一个环节出现问题，都可能导致贸易路线的中断。根据一些学者的研究，在公元前28世纪前后，青金石贸易一度中断，这可能跟美索不达米亚在乌鲁克后期政治上的动荡有关。

到了新王国时期，埃及与西亚的互动更为频繁了。在当时的西亚，也兴起了许多像埃及一样强大的国家，比如位于叙利亚和安纳托利亚东南部的米坦尼帝国、随后强大起来占据了安纳托利亚高原的赫梯帝国与位于美索不达米亚的巴比伦王国。此时的埃及也走上了帝国扩张的道路。第十八王朝和第十九王朝的大部分君主都能征善战，不断扩大埃及的版图，加强对叙利亚迦南等地的控制。埃及的领土曾先后与米坦尼帝国及赫梯帝国接壤。图特摩斯三世统治期间不遗余力开疆拓土，数次率领埃及军队进入迦南，征服了当地的城邦，其中最为

| 尼罗河的赠礼 |

麦吉多城遗址

著名的就是麦吉多之战。麦吉多位于迦南北部,当时受控于卡叠什国王。这座小城易守难攻,图特摩斯三世率领大军安营扎寨,围攻达七个月之久,终于使敌人屈服。麦吉多战役的胜利给埃及人带来了丰厚的战利品,包括近千辆战车、两千余匹战马以及两万五千余头牲畜。图特摩斯三世将自己对叙利亚迦南地区的征服记录在了卡尔纳克阿蒙-拉神庙的墙上。

终其一生,这位杰出的军事统帅征服了三百五十余座城市,从幼发拉底河到努比亚的大部分土地都被纳入了埃及版图,此时的埃及疆域也扩张到了历史最大水平。归顺的迦南城邦都要将王子送到埃及接受教育,一方面作为人质,另一方面也有利于培植亲埃及的统治者,维护埃及在这些地区的利益。不仅如此,埃及每年还可以从这些城邦获得大量贡品。埃及的扩张引发了与米坦尼帝国的冲突,两国之间就边境问题常年征战。然而,不断崛起的赫梯帝国使米坦尼和埃及都感到了威胁,于是两国停止战争,结成联盟,希望能够遏制赫梯人的势力。联姻是古代国家之间缔结联盟的主要手段。埃及法老迎娶了米坦尼国王的女儿,从此埃及的王宫中又增添了许多美丽的异国身影。在阿玛尔纳书信中,就有米坦尼国王吐什拉塔写给阿蒙荷太普三世的信,在信中他还特别问候了自己远嫁埃及的姐妹。和平带来了贸易的繁荣。埃及玻璃工业的发展可以说是与米坦尼帝国交往的最大收获。玻璃制作起源于两河流域,在米坦尼帝国境内的北叙利亚地区很早就发展出十分发达的玻璃制作工业。玻璃制品在当时的地中海和近东世界里非常昂贵,是王宫贵族争相拥有的时髦物件。埃及人到达这一地区后便开始进口玻璃制品。不久，聪明的埃及工匠也开始模仿着制作出埃及玻璃。当时的玻璃制作都采用内核成型法，即用黏土混合有机物质捏成容器的形状作为内芯，再将玻璃施加到黏土芯上，等容器冷却成型后，将内核捣碎取出即可。对于如何将玻璃施加到内核上，考古学家通过实验后认为可能有两种方法：一种方法是将半液体状的玻璃条放置在平坦的石头表面上，用内芯在上面滚动，将玻璃条一圈一圈卷起来，同时用木板拍打使其均匀服帖。用这种方法可以制作具有波浪形花纹的彩色玻璃器皿。另外一种方法是将烧热的内核浸到玻璃粉中，使其均匀地粘上一层玻璃粉，再重新加热，等表面的玻璃粉呈半溶化状态后，再粘玻璃粉，反复几次直到达到满意的厚度为止。埃及人将玻璃制成香水瓶等各种容器，也用于首饰和雕像眼部的镶嵌。第十八王朝中期以后，随着埃及与西亚的交往日益频繁，各种外国商品都进入了埃及，在贵族墓室中出现了很多外来物品，包括西亚风格的金银器皿和玻璃器。埃及人显然由衷热爱休战后的和平与繁荣。图特摩斯三世至少迎娶了三位亚洲公主。这些异国美人不仅给法老的宫廷增添了许多异国情调，也带来了新的流行与理念。在当时埃及的上流社会中仿佛刮起了一阵米坦尼风潮，人们都以拥有外国货为荣。主流社会对待外国的态度也发生了一定的转变。这可能是埃及人第一次意识到，在埃及之外也有富饶强大的国家，那里有许多埃及没有的奇珍异宝。军事征服本身所带来的战利品固然惊人，但在和平局面之下，朝贡和贸易所带来的财富才是持久和无限的。埃及人显然明白了这个道理，在阿蒙荷太普二世统治时期，对外战争大量减少，国家富裕稳定，原先壁画与浮雕中的米坦尼战俘形象也大幅度减少，取而代之的是带着丰厚的礼物来朝见法老的外国使臣。不仅如此，对于宗教兴趣浓厚的埃及人而言，两河流域的神祇也颇具吸引力，迦南地区的战神莱什弗和代表富饶的女战神阿什塔特很快就拥有了埃及信徒。

## 四 跨越地中海

### 尼罗河的赠礼

人们大都知道古希腊经典著作经常会提及埃及。然而，就连希腊古典作家也不知道的是，早在爱琴文明还是懵懂少年的时候，与他们隔海相望的邻居埃及人就已经前来造访希腊了。米诺斯文明发源于克里特岛，是希腊世界最早的文明。大约公元前3世纪初，克里特岛开始进入文明时代，到了公元前三千纪后期，克里特文明已经发展成为高度发达的商业社会。克里特岛的地理位置非常优越。从地图上看，这座美丽的狭长岛屿刚好位于亚欧非三大洲的中心，因此克里特文明的发生和发展也深受亚洲与非洲文明的影响，古埃及与克里特的关系尤为紧密。

早在古王国时期，埃及的物品就已经通过贸易来到了克里特。中王国时期，克里特岛上的米诺斯文化类型陶器已经大批出现在埃及的土地上，甚至连埃及本土都出现了仿制的米诺斯陶器。为了丰富自己的餐桌，米诺斯人引进了埃及的椰枣树。就连埃及的猫也漂洋过海，成为了海岛上的新居民。米诺斯人善于经商，手工业发达，他们输出的主要产品是葡萄酒、橄榄油、精美的陶器及纺织品，用这些产品与埃及人交换纸草和黄金。他们还根据埃及象形文字创造了自己的象形文字，与线形文字A一起使用。在建筑和艺术方面米诺斯人也深受埃及启发。米诺斯宫殿建筑群结构复杂，富丽堂皇，壁画装饰尤为精美——以代表地中海的天蓝色为底，人物刻画极为细致，富有动态，优雅美丽。第十七王朝末至第十八王朝初期，在尼罗河三角洲的泰尔·埃尔—达巴（也就是后来的阿瓦利斯）发现了米诺斯式建筑和壁画。为何米诺斯壁画会出现在埃及的土地上呢？学界对此也没有定论。可能的原因是，米诺斯与埃及的商贸往来极为频繁，很多米诺斯商人就定居在尼罗河三角洲的重要城市。而壁画对于他们而言不仅仅是一种装饰，还有重要的宗教含义，因此他们也把壁画"搬"到了埃及。壁画中出现的是米诺斯文明最常见的艺术主题——跳跃奔跑的公牛与作为装饰花边的迷宫格图样。在底比斯的贵族墓地中，考古学家也发现了描绘克里特人带着各种礼物朝见法老的壁画。

在希腊大陆上的麦锡尼文明也与埃及保持着密切的关系。在麦锡尼的一座城堡中，考古学家发现了刻有第十八王朝法老阿蒙荷太普三世与王后提伊名字的圣甲虫。在埃及发现的麦锡尼陶器主要集中在阿瓦利斯、曼菲斯、法尤姆绿洲的东南部和上埃及的底比斯附近，也零星发现于努比亚地区。在法老阿赫恩阿吞的宫殿中也发现了一批麦锡尼陶器。这些陶器造型小巧，可能是用来盛放从麦锡尼进口的香水用的。埃及的陶器、珐琅器和石质器皿也出现在克里特和希腊大陆沿海的城市遗址中。

然而，到了公元前1200年前后，米诺斯文明和麦锡尼文明由于外敌入侵都从人类历史舞台上消失了。希腊世界进入了长达近五个世纪的黑暗时期，直到公元前7世纪，希腊城邦繁荣起来，希腊商人又才回到了地中海的历史舞台上。

从黑暗时代苏醒过来的希腊人在地中海沿岸广泛建立了贸易据点。在利比亚、意大利甚至西班牙的海岸线上都出现了希腊殖民城邦。这些精明的商人当然不会错过埃及的商机，物产丰富而又高度文明的埃及很快就成为了他们最主要的贸易伙伴。在尼罗河三角洲，希腊商人建立了一座贸易据点——瑙克拉底斯。瑙克拉底斯位于三角洲西北部，依着尼罗河克诺普斯支流而建，距离第二十六王朝的都城塞斯不远，是非常优良的港口。其实，早在米诺斯和麦锡尼文明时期，这座城市就已经有商人居住了。到了公元前7世纪，希腊商人开始永久性定居在此，将城市发展成为希腊商人在埃及的唯一贸易根据地。与其他希腊贸易据点不同，在瑙克拉底斯虽然住着很多希腊商人，但城市本身并不是希腊城邦，长期居住在这里的希腊商人还保留着在希腊本土的公民权。希腊的白银、木材、橄榄油和葡萄酒源源不断地运送到埃及，换取埃及的谷物、亚麻和纸草。对于耕地资源相对匮乏的希腊本土城邦而言，埃及成了他们重要的粮食来源，而埃及也可以从中获得自己缺少的白银和油，双方都能在这些大宗商品贸易中获得益处，因而建立起非常稳定的长期贸易关系。大批希腊武士也来到埃及谋生，在法老的军中效力。希腊雇佣军由于拥有重型装备，懂得各种战术并具备丰富的海战经验而受到埃及统治者的欢迎。与大宗商品一起跟随着希腊商船队回到爱琴世界的还有各种各样的埃及手工业制品。有些手工业制品流入了希腊的作坊，对希腊本土的艺术发展产生了极为深远的影响。

　　古希腊历史学家希罗多德也记载了瑙克拉底斯的建立。有九座希腊本土城邦都资助了瑙克拉底斯希腊商业社区的建设，埃及文化与希腊世界不同城邦的文化都在此处汇合，让这座城市变成了具有文化多元色彩的国际性港口。瑙克拉底斯的繁荣一直延续了一千余年，在罗马时代仍然是很重要的城市。

# 五 丝绸之路的另一端

## 第五章 古代埃及巡礼

到了公元前4世纪,世界格局又发生了巨大的转变,亚历山大帝国打破了各个文化之间的界限,从地中海到中亚的大部分地区都经历了一次文化上的整合。历史长河的巨浪又将黄昏时期的埃及文明推到了历史舞台的前沿,只不过这一次的导演是希腊人。希腊化时代的来临也给地中海世界带来了新的政治经济秩序,埃及再一次成为了世界的焦点,在文明的交往中起到了意想不到的作用。

亚历山大大帝来到埃及以后,想要在埃及建立一座城市作为都城和贸易口岸,一开始他有意选择已经具有三个世纪贸易传统的瑙克拉底斯,但最后选中的是位于尼罗河三角洲西北顶点西侧海岸上的埃及小城惹克迪特。亚历山大决心将这座名不见经传的小城打造成一座希腊化的大都市,并改名为亚历山大里亚,意为亚历山大之城。这座城市完全是希腊式样的,惹克迪特的老城区也并没有拆除,而是保留下来作为城市的埃及区,代表着埃及文化与希腊文化的和谐共存。

亚历山大里亚直接面对大海,突出的海角创造了宁静的港湾,可以供船只停泊。相对于瑙克拉底斯而言,亚历山大里亚的海港可以停靠更大型的船只,还有运河将港口与湖泊和尼罗河支流相连,交通极为便利。在亚历山大之后,托勒密国王也定都此,经过多年不断的建设,亚历山大里亚成为了当时世界上最大的城市之一,更是地中海世界的中心。即使是后来罗马强大起来,称霸地中海世界,亚历山大里亚仍是仅次于罗马的第二大城市。亚历山大里亚是一座国际性大都市,来自世界各国的商人都云集于此,各个民族的居民都来到这里定居,城市中不仅有希腊居住区和埃及居住区,还有当时世界上最大的犹太人居住区。我们所熟知的许多古希腊学者其实都生活在亚历山大里亚。古希腊著名数学家欧几里得就是在亚历山大里亚写成《几何原本》的。古代埃及的几何学非常发达,很多埃及祭司都是优秀的数学家,欧几里得来到埃及,就是为了能够查阅更多材料和书籍。

从某种意义上说,亚历山大里亚成为了地中海世界知识传播的中心。古代埃及人的智慧经由希腊人的整理而在希腊罗马世界传播开来。在希腊化时期和罗马时期,亚历山大里亚的希腊学者,逐渐形成了亚历山大学派,对后世的文学、历史学、地理学、数学、天文学和医学都产生了深远的影响。

托勒密一世实际控制埃及之后,便着手广纳贤良,拿出大笔资金用于资助文人学者的研究和创作,将希腊化世界的有识之士都聚集在亚历山大里亚。雅典政治家、哲学家和演说家法勒鲁姆的德米特里成为宫廷的座上宾,在他的建议下,托勒密一世在亚历山大里亚建立了亚历山大图书馆,收藏希腊化世界的各种珍稀图书。与图书馆一同建立起来的还有附属于图书馆的学院,各国学者都可以在此自由学习和讨论,可谓百家争鸣。到了托勒密二世统治时期,图书馆的规模得到进一步扩大,为了更好地管理馆藏图书,亚历山大图书馆还编撰了世界上最早的图书馆藏书目录。在卡利马库斯等著名学者的主持下,亚历山大图书馆收藏了许多重要的古埃及语著作和犹太经典作品,其中包括著名的《七十士译本》,即希伯来《圣经》的希腊语译本。托勒密三世在位时,图书馆扩展到了历史最大规模。统治者对图书的喜爱简直到了痴狂的程度,不仅强行掠夺了雅典档案馆里所有戏剧家的原著,竟还下令所有旅经亚历山大里亚的游客必须将自己拥有的任何著作抄写一份交给图书馆。

如果说亚历山大里亚的灯塔是古代世界的奇迹,那么这座城市本身则可以称得上是整个希腊化世界的知识灯塔——这里不仅有世界上最大的图书馆,最自由的学术空气,还有慷慨解囊资助学术的开明君主。亚历山大里亚的学术研究成果也是惊人的,文学艺术大放异彩,科学研究也成就斐然。据说,当时的科学家已经发明出自动售货机,只要投入硬币,商品就会自动出来;蒸汽动力装置也用于推动沉重的神庙大门。在罗马帝国早期,亚历山大里亚仍然是知识界活跃的中心。新柏拉图主义、诺斯替教和早期基督教的哲学家与神学家都云集于此,探讨哲学观点和神学奥义。

以前流行的一种说法是公元前48年恺撒征服埃及之时烧毁了亚历山大图书馆。近年来的研究表明,恺撒点火时大约烧毁了四万卷书,而亚历山大图书馆的藏书比这个数目要多得多;当时亚历山大里亚有三座图书馆,我们并不知道恺撒焚毁的是否就是托勒密一世所建的主图书馆。也有学者认为,图书馆真正的衰落可能是在3世纪,罗马皇帝奥勒留在战争时不慎将图书馆烧毁。实际上,基督教成为罗马帝国的国教以后,亚历山大图书馆就处在了风雨飘摇之中,所谓的异教图书尽数被毁,很多学者被迫改变自己的宗教信仰。到了伊斯兰教统治埃及的时候,亚历山大图书馆残存的书籍在经过又一次浩劫后便所剩无几了。

亚历山大里亚不仅是希腊罗马时代地中海世界文化的中心,也是物质文明高度发达的都会和东西方贸易的枢纽。早在1世纪中叶,就有一部重要的佚名著作《厄立特里亚海周航记》,对罗马埃及和东方的贸易进行了细致入微的描述。

《厄立特里亚海周航记》以希腊语写成,记载了从红海沿岸的贝莱尼斯出发,经红海和亚丁湾前往东非和印度海岸进行贸易的线路、贸易产品和沿途风俗,全文共有六十六章。根据这部著作,在公元前1世纪,有一位名叫希帕路斯的航海家,发现了从红海经印度洋直达

| 尼 | 罗 | 河 | 的 | 赠 | 礼 |

印度的航线。根据与《厄立特里亚海周航记》同时代或稍晚的罗马作家老普林尼的叙述，希帕路斯发现的不是航线，而是盛行于印度洋的西南季风——只有借助西南季风的力量，才能在印度洋上顺利航行。无论如何，希帕路斯的航线极大地促进了埃及与印度的交往。从贝莱尼斯出发的埃及商船驶出红海之后，可以立即扬帆远航到今天印度南部的喀拉拉和泰米尔纳德等地。

红海沿岸贸易对罗马埃及的重要性并不逊于法老时代。红海东南岸的希姆亚里特王国（位于今天的也门一带）通过埃及与罗马进行贸易，出口乳香和没药。在红海西南岸，位于今天厄立特里亚和埃塞俄比亚的阿克苏姆王国，也参与进来，将产自非洲内地的象牙源源不断地运出红海。驶出亚丁湾，阿拉伯半岛南岸的哈德拉毛地区在《厄立特里亚海周航记》中叫作乳香国，那里出产的乳香不仅通过贸易来到波斯和印度，还通过中亚达到了远在西伯利亚地区的斯基泰。

在这一远程航线上起到中介作用的是东非海岸的索马里。在索马里东北部海岸的哈丰地区，来自埃及、希腊、腓尼基、波斯和也门的商人聚集在此，等待着从东南亚地区驶来的满载香料和丝绸的货船。从哈丰地区向南航行，就会到达盛产象牙和玳瑁的东非海岸，那里很可能就是今天的坦桑尼亚地区或更远的莫桑比克。

据《厄立特里亚海周航记》的记载，在航线的印度一段，与埃及和非洲海岸贸易的中心是巴里加扎港（一译婆卢羯车）。这座港口位于今天印度古吉拉特邦的坎贝湾沿岸地区，是当时世界上最繁忙的贸易中转站之一，也是印度洋贸易网络的枢纽。在这里，人们可以见到当时世界上几乎所有的产品。商船满载着来自于地中海世界和阿拉伯地区的酒、铜、锌、铅、珊瑚、黄玉、玻璃、雄黄等货物，徐徐驶入港口，又装上满满一船印度商品，如松香、象牙、玛瑙、红玉、枸杞、棉织品等，消失在西方的地平线。根据《厄立特里亚海周航记》的记载,这些来自印度的商品大都是通过位于内陆地区的邬阇衍那城运送而来的。印度南部在这一时期是恒河流域、缅甸和东南亚诸群岛与西方贸易的中转站。

《厄立特里亚海周航记》还是首次记载丝绸之路完整路线的西方文献。在介绍印度贸易的第六十三章和第六十四章,作者记载道,从印度东方的恒河口向东航行可以到达一个叫作"金洲"的地方。在"金洲"的北方,海路贸易终止于一个叫作"秦"的国家,在这个国家里有一座巨大的内陆城市叫作"秦奈"。生丝和丝织品从"秦奈"运送出来,经过中亚的巴克特里亚(即中国古籍中的大夏),来到印度西海岸的贸易中心巴里加扎港或南部海岸的达米里卡港,再由这里转运到地中海世界。作者还记述道,"秦"这个国家是很难进入的,也很少有人从那里出来。

我们所熟知的丝绸之路是汉使张骞两次出使西域而开辟,从长安经新疆和中亚到达西方的丝绸贸易路线。从中国到中亚地区的贸易路线由于中国古书的记载是十分清楚的,但在 97 年,甘英出使大秦之前,丝绸之路的真实路径却并不为人所知。人们熟悉的陆上丝绸之路,其实是来自于埃及学者托勒密(与埃及国王托勒密重名的天文和地理学家)的记载,其中讲述了 100 年前后,马其顿的商人们前往东方的行程。而《厄立特里亚海周航记》的记载,则把我们传统意义上所说的丝绸之路东段,与从罗马埃及到印度西海岸的红海—印度洋贸易网络相联结,构成了已知最早的丝绸之路。其实,历史上真实的丝绸之路并不是简单的陆地或者海上线路,也并非是地理上东西方之间最近的直线距离;气候原因、政治局势和运输成本都影响着路线的选择。横亘在罗马东方与中亚地区之间的帕提亚帝国(前 247—224)对来往商旅贸易课以重税,这就使得商人更愿意选择海陆混合路线,把丝织品从中国内地经中亚和印度运送到埃及。另外,贸易线路也是多个文明之间合作的结果,各国商人之间仿佛达成了某种默契,像接力赛跑一样用最快的速度和最经济最安全的办法把商品送到销售市场。中国某个乡村里一条蚕吐出的丝线,在经历了千山万水之后,竟可以成为埃及王后身上的披肩,这在两千年前的古代世界,是多么奇妙的事情!可以说,正是这些见多识广的精明商人维持着东西方的贸易往来,选择着贸易的线路,为人类各个文明之间的相互交往作出了重要的贡献。

《史记·大宛列传》记载有"黎轩"国,《汉书·西域传》将同名的国家称为"犁靬"。《后汉书·西域传》则说:"大秦国,一名犁鞬,以在海西,亦云海西国。"学者对《后汉书》所谓"大秦国"是否指罗马一直有很大争议。世界知名的东方学家,如法国的伯希和与日本的白鸟库吉等,都以黎轩、犁靬、犁鞬作为亚历山大里亚的对音。亚历山大里亚无疑是最能代表东地中海的城市。古代的商人和水手不仅在他们的接力赛中传递着各种珍稀货物,也传递着来自遥远未知地区的信息。远在地中海南岸的埃及,终于知道了在最遥远的东方有着生产丝绸的神奇国家,而亚历山大里亚的名字也几经辗转,以汉字的形式出现在了中国史官的笔下。

至此,我们对古代埃及文明的巡礼也该告一段落了。古代埃及三千多年的文明就仿佛一幅延绵不绝的画卷,其中有让人热血澎湃的辉煌年代,也有让人忧伤叹息的衰落时期;然而,这幅画卷终将汇入人类文明的总卷,成为人类文明史的一部分。作为有着同样悠久历史的中国人,在学习和阅读埃及历史时,一定会有很多西方学者无法体验到的感想。古老的文明总是有着相似的发展脉络,在王朝更迭与时代兴衰的过程中,历史就这样一层一层沉淀,有些被铭记,有些被遗忘,有些又被重新发现。